Kuchyňa Talianska
Cesta Kulinárnej Elegancie

Luca Rossi

INDEKS

Špenátové a zemiakové gnocchi 8

Gnocchi z morských plodov s paradajkovou a olivovou omáčkou 12

Zelené halušky s ružovou omáčkou 17

Krupicové halušky 20

Abruzzo fašírky 23

Palacinky plnené Ricottou 27

Palacinky Timbale z Abruzza s hubami 31

Remeselné toskánske špagety s mäsovou omáčkou 35

Pici s cesnakom a strúhankou 38

krupicové cesto 41

Cavatelli z Ragu 43

Cavatelli s chobotnicou a šafranom 45

Cavatelli s rukolou a paradajkami 49

Orecchiette s bravčovým ragú 51

Orecchiette s brokolicou Rabe 53

Karfiol a paradajkový orecchiette 56

Orecchiette s klobásou a kapustou 58

Mečiara orecchiette 60

biele rizoto 69

Milánske šafránové rizoto 72

Špargľové rizoto 75

Rizoto s červenou paprikou 78

Rizoto s paradajkami a rukolou 81

Rizoto s červeným vínom a čakankou 84

Krémové karfiolové rizoto 88

citrónové rizoto 91

Špenátové rizoto 94

zlaté tekvicové rizoto 97

Benátske rizoto s hráškom 100

Jarné rizoto 103

Rizoto s paradajkami a fontina 107

Rizoto s krevetami a zelerom 110

Rizoto z morských plodov 115

Pečené jahňacie stehno so zemiakmi, cesnakom a rozmarínom 119

Jahňacie stehno s citrónom, bylinkami a cesnakom 122

Cuketa plnená pomaly pečenou jahňacinou 124

Králik s bielym vínom a bylinkami 126

králik s olivami 129

Králik Porchetta 131

Králik s paradajkami 134

Pomaly varený sladkokyslý králik 136

Pečený králik so zemiakmi ... 139

marinované artičoky ... 142

Rímske artičoky ... 144

varené artičoky ... 146

židovské artičoky ... 148

Jarný zeleninový guláš v rímskom štýle ... 150

Chrumkavé artičokové srdiečka ... 152

Plnené artičoky ... 154

Sicílske plnené artičoky ... 157

Špargľa na panvici ... 160

Špargľa s olivovým olejom a octom ... 162

Špargľa s citrónovým maslom ... 164

Špargľa s rôznymi omáčkami ... 166

Špargľa s kaparou a vaječným vinaigrettom ... 168

Špargľa s parmezánom a maslom ... 170

Balíčky so špargľou a prosciuttom ... 172

Pečená špargľa ... 174

Špargľa so sabayonom ... 176

Špargľa s Taleggio a píniovými orieškami ... 178

špargľový tymbal ... 180

Fazuľa vo vidieckom štýle ... 182

Toskánska fazuľa ... 184

Fazuľový šalát 187

Fazuľa a kapusta 189

Fazuľa v paradajkovej šalviovej omáčke 191

Cícerový guláš 193

Fazuľa s horkou zeleninou 195

Čerstvá fazuľa v rímskom štýle 198

Čerstvé umbrijské fazule 200

Brokolica s olejom a citrónom 202

Brokolica Parma 204

Brokolica rabe s cesnakom a feferónkami 206

Brokolica s prosciuttom 208

Brokolicové rolky Rabe 210

Brokolica rabe so slaninou a paradajkami 212

Malé zeleninové placky 214

vyprážaný karfiol 216

Špenátové a zemiakové gnocchi

Gnocchi s hranolkami a Spinaci

Vyrába 6 porcií

Aj keď sa bežne nevyrábajú v Taliansku, občas si halušky rád dám ku gulášu alebo gulášu. Dobre nasiaknu omáčkou a sú príjemnou zmenou oproti zemiakovej kaši alebo polente. Vyskúšajte tieto halušky (bez omáčky alebo syra) ako prílohu<u>Bravčový chvost s rímskym duseným mäsom</u>Alebo<u>Friulský hovädzí guláš</u>.

Varte 1 1/2 libry zemiakov

1 vrecúško (10 uncí) nakrájaného špenátu

Špinavý

2 šálky viacúčelovej múky plus viac na vytvorenie halušiek

1 veľké vajce, rozšľahané

    1/2 šálky<u>Maslo a šalviová omáčka</u>

1 šálka čerstvo nastrúhaného Parmigiano-Reggiano

1. Vložte zemiaky do veľkého hrnca so studenou vodou, aby boli zakryté. Hrniec prikryjeme a privedieme do varu. Varte, kým zemiaky po prepichnutí nožom nezmäknú, asi 20 minút.

dva. Vložte špenát do veľkého hrnca s 1/2 šálky vody a pridajte soľ podľa chuti. Prikryjeme a varíme, kým špenát nezmäkne, asi 2 až 3 minúty. Špenát scedíme a necháme vychladnúť. Špenát položte na utierku a vyžmýkajte vlhkosť. Špenát nasekáme veľmi nadrobno.

3. Ešte horúce zemiaky ošúpeme a nakrájame na kocky. Zemiaky roztlačte malými otvormi v mlynčeku na múku alebo jedlo alebo ručne pomocou drviča na zemiaky. Pridajte špenát, vajce a 2 lyžičky soli. Pridajte 1 1/2 šálky múky, kým sa nezmieša. Cesto bude pevné.

štyri. Zemiaky naškrabeme na pomúčenú dosku. Krátko premiesime a pridáme toľko múky, koľko je potrebné, aby vzniklo vláčne cesto, len toľko, aby halušky pri varení držali tvar, ale nie natoľko, aby oťaželi. Cesto by malo byť mierne lepkavé. Ak máte pochybnosti, prevarte malý hrniec s vodou a vložte doň na skúšku kúsok cesta. Varte, kým sa nezobrazí gnoco. Ak sa cesto začne oddeľovať, pridajte viac múky. Inak koláč je dobrý.

5. Tortu odložte zatiaľ bokom. Oškrabte dosku, aby ste odstránili zvyšky cesta. Umyte si a osušte ruky a popráše ich múkou. Pripravte si jednu alebo dve veľké tortové formy a vysypte ich múkou.

6. Cesto nakrájajte na 8 kusov. Zostávajúce cesto zakryjeme a rozvaľkáme jeden kus do dlhého povrazu s hrúbkou asi 3/4 palca. Nakrájajte lano na 1/2 palcové nugety.

7. Na tvarovanie cesta držte vidličku v jednej ruke tak, aby hroty smerovali nadol. Palcom druhej ruky prevaľkajte každý kúsok cesta cez hroty a zľahka zatlačte, aby sa na jednej strane vytvorili drážky a na druhej zárez. Gnocchi poukladajte do pripravených misiek. Časti sa nesmú navzájom dotýkať. Opakujte so zvyšným cestom.

8. Gnocchi dajte do chladničky, kým nebudú pripravené na varenie. (Gnocchi môžu byť aj zmrazené. Plechy na pečenie vložte na hodinu do mrazničky alebo kým nebudú pevné. Halušky vložte do veľkého odolného plastového vrecka.

Zmrazte až na jeden mesiac. Nerozmrazujte, kým sa neuvaria.)

9.Pripravte omáčku. Na varenie gnocchi prevarte vodu vo veľkom hrnci. Podľa chuti dosolíme. Znížte teplotu, aby voda pomaly vrela. Asi polovicu halušiek vložte do vody. Varte asi 30 sekúnd po vyplávaní halušiek. Gnocchi vyberte z panvice dierovanou lyžicou a dobre sceďte.

desať. Pripravte si predhriatu plytkú servírovaciu misu. Do misky nalejte tenkú vrstvu horúcej omáčky. Pridajte gnocchi a jemne premiešajte. Rovnakým spôsobom uvaríme aj zvyšok halušiek. Prelejeme omáčkou a posypeme syrom. Podávajte horúce.

Gnocchi z morských plodov s paradajkovou a olivovou omáčkou

Rybie gnocchi s olivovou omáčkou

Vyrába 6 porcií

Na Sicílii sa zemiakové gnocchi niekedy dochucujú soľou alebo inou jemnou rybou. Podávam ich s jemne pikantnou paradajkovou omáčkou, ale výborná je aj maslovo-bylinková. Tieto cestoviny nepotrebujú syr.

1 libra pečených zemiakov

1 1/4 šálky olivového oleja

1 malá cibuľa, nakrájaná nadrobno

1 strúčik cesnaku

12 uncí filé z platesy alebo inej jemnej bielej ryby, nakrájané na 2-palcové kúsky

1 1/2 šálky suchého bieleho vína

Soľ a čerstvo mleté čierne korenie

1 veľké vajce, rozšľahané

Asi 2 šálky univerzálnej múky

zahltiť

1 1/4 šálky olivového oleja

1 nasekaná jarná cibuľka

2 filety sardel

1 polievková lyžica pasty z čiernych olív

2 šálky ošúpaných, zbavených semienok a nakrájaných čerstvých paradajok alebo z konzervovaných talianskych paradajok, scedených a nakrájaných

2 lyžice nasekanej čerstvej petržlenovej vňate

Soľ a čerstvo mleté čierne korenie

1. Vložte zemiaky do hrnca so studenou vodou tak, aby boli zakryté. Priveďte do varu a po prepichnutí nožom varte do mäkka. Prefiltrujte a nechajte vychladnúť.

dva. Na strednej panvici orestujte cibuľu a cesnak na olivovom oleji na miernom ohni 5 minút, kým cibuľa nezmäkne. Pridajte rybu a opekajte 1 minútu. Pridajte víno, soľ a korenie podľa chuti. Varte, kým ryba nie je uvarená a väčšina vlhkosti sa neodparí, asi 5 minút. Počkajte, kým vychladne a nalejte obsah panvice do kuchynského robota alebo mixéra. Zredukujeme na hladké pyré.

3. Veľké formy zakryte hliníkovou fóliou alebo potravinovou fóliou. Zemiaky prejdite cez mlynček na mäso alebo mlynček do veľkej misy. Pridajte rybie pyré a vajce. Postupne pridávame múku a soľ podľa chuti, aby vzniklo mierne lepivé cesto. Krátko premiešajte, kým nebude hladké a dobre spojené.

štyri. Cesto rozdeľte na 6 kusov. Zostávajúce cesto zakryjeme a rozvaľkáme jeden kus do dlhého povrazu s hrúbkou asi 3/4 palca. Nakrájajte lano na 1/2 palcové nugety.

5. Na tvarovanie cesta držte vidličku v jednej ruke tak, aby hroty smerovali nadol. Palcom druhej ruky prevaľkajte každý kúsok cesta cez hroty a zľahka zatlačte, aby sa na jednej strane vytvorili drážky a na druhej zárez. Gnocchi

poukladajte do pripravených misiek. Časti sa nesmú navzájom dotýkať. Opakujte so zvyšným cestom.

6. Gnocchi dajte do chladničky, kým nebudú pripravené na varenie. (Gnocchi sa dajú aj zmraziť. Plechy na pečenie vložte na hodinu do mrazničky alebo kým nie sú pevné. Gnocchi vložte do veľkého odolného plastového vrecka. Zmrazte až na 1 mesiac. Nerozmrazujte až do varenia.)

7. Na omáčku zmiešajte olej s jarnou cibuľkou vo veľkej panvici. Pridajte filety sardel a varte, kým sa ančovičky neroztopia, asi 2 minúty. Pridajte olivovú pastu, paradajky a petržlenovú vňať. Dochutíme soľou a korením a varíme, kým paradajková šťava mierne nezhustne, 8 až 10 minút. Nalejte polovicu omáčky do veľkej teplej misy a podávajte.

8. Pripravte gnocchi: vo veľkom hrnci uvarte vodu. Podľa chuti dosolíme. Znížte teplotu, aby voda pomaly vrela. Asi polovicu halušiek vložte do vody. Varte asi 30 sekúnd po vyplávaní halušiek. Gnocchi vyberte z panvice dierovanou lyžicou a dobre sceďte. Gnocchi poukladajte do servírovacej misy. Rovnakým spôsobom uvaríme aj zvyšok halušiek.

Pridajte zvyšnú omáčku a jemne premiešajte. Ihneď podávajte.

Zelené halušky s ružovou omáčkou

Gnocchi Verdi s omáčkou Rossa

Vyrába 6 porcií

Prvýkrát som tieto mäsové guľky jedol v Ríme, aj keď sú typické skôr pre Emilia-Romagna a Toskánsko. Sú ľahšie ako zemiakové gnocchi a nakrájaná zelenina im dodáva povrchovú štruktúru, takže fašírky nie je potrebné tvarovať vidličkou. Skúste ich pre zmenu nastriekať<u>Maslo a šalviová omáčka</u>*.*

3 šálky<u>ružová omáčka</u>

1 libra špenátu, stonky odstránené

1 libra švajčiarskeho mangoldu, stopky odstránené

1 1/4 šálky vody

Špinavý

2 lyžice nesoleného masla

1 1/4 šálky jemne nakrájanej cibule

1 libra celá alebo čiastočne odtučnená ricotta

2 veľké vajcia

1½ šálky čerstvo nastrúhaného Parmigiano-Reggiano

1 1/4 lyžičky mletého muškátového orieška

čerstvo mleté čierne korenie

1 1/2 šálky viacúčelovej múky

1. Pripravte omáčku. Potom vo veľkom hrnci zmiešajte obe zeleniny, vodu a soľ podľa chuti. Varte 5 minút alebo kým nezmäkne a nezmäkne. Prefiltrujte a nechajte vychladnúť. Zeleninu zabaľte do utierky a vyžmýkajte, aby pustila tekutinu. Jemne nakrájajte.

dva. Na strednej panvici roztopte maslo na strednom ohni. Pridajte cibuľu a za stáleho miešania opekajte asi 10 minút dozlatista.

3. Vo veľkej miske zmiešajte ricottu, vajcia, 1 šálku parmezánskej repky, muškátový oriešok a soľ a korenie podľa chuti. Pridajte cibuľu a nakrájanú zeleninu a dobre

premiešajte. Miešajte múku, kým sa dobre nespojí. Cesto bude mäkké.

štyri. Plechy na pečenie vysteľte pergamenom alebo voskovým papierom. Navlhčite si ruky studenou vodou. Rezervujte si lyžicu cesta. Zľahka vytvarujte guľu s priemerom 3/4 palca. Položte guľu na plech na pečenie. Opakujte so zvyšným cestom. Zakryte fóliou a nechajte v chladničke, kým nebude pripravená na varenie.

5.Prevarte aspoň 4 litre vody. Podľa chuti dosolíme. Trochu znížte teplo. Pridajte niekoľko polovíc halušiek naraz. Keď vyplávajú na povrch, varte ďalších 30 sekúnd.

6.Nalejte polovicu horúcej omáčky do teplej misky. Gnocchi vyberte z panvice dierovanou lyžicou a dobre sceďte. Pridajte ich do zdroja. Prikryte a udržiavajte v teple, kým rovnakým spôsobom varíte zvyšné halušky. Navrch polejeme zvyšnou omáčkou a syrom. Podávajte horúce.

Krupicové halušky

Halušky na rímsky spôsob

Recept na 4 až 6 porcií

Nezabudnite uvariť kašu úplne s tekutinou. Ak je nedostatočne uvarené, má tendenciu sa roztopiť na pastu, namiesto toho, aby si pri varení držala svoj tvar. Ale aj keby, stále bude chutiť dobre.

2 poháre mlieka

2 poháre vody

1 šálka jemných zŕn

2 lyžičky soli

4 lyžice nesoleného masla

dva/3 šálky čerstvo nastrúhaného Parmigiano-Reggiano

2 žĺtky

1. V strednom hrnci zohrejte mlieko a 1 šálku vody na strednom ohni až do varu. Zmiešajte zvyšný pohár vody a granule. Nalejte zmes do tekutiny. Pridajte soľ. Varte za stáleho miešania, kým zmes nezovrie. Znížte teplotu na minimum a varte za stáleho miešania 20 minút alebo kým zmes nie je veľmi hustá.

dva. Odstráňte panvicu z ohňa. Pridajte 2 polievkové lyžice masla a polovicu syra. Metličkou rýchlo vyšľaháme žĺtky.

3. Plech na pečenie zľahka navlhčite. Nasypte krúpy na plech a rozotrite na hrúbku 1/2 palca pomocou kovovej špachtle. Nechajte vychladnúť, prikryte a dajte do chladničky na jednu hodinu alebo až na 48 hodín.

štyri. Umiestnite gril do stredu rúry. Predhrejte rúru na 400 ° F. Maslo 13 × 9 × 2-palcový pekáč.

5. Ponorte 3,5 cm formičku na sušienky alebo sušienky do studenej vody. Krupicu nakrájajte na plátky a kúsky uložte do pripravenej zapekacej misy, pričom ich mierne prekrývajte.

6. V malom hrnci rozpustite zvyšné 2 lyžice masla a nalejte na halušky. posypeme zvyšným syrom. Pečte 20 až 30 minút alebo do zlatista a bublinky. Pred podávaním nechajte 5 minút vychladnúť.

Abruzzo fašírky

Polpette di Pane al Sugo

Recept na 6 až 8 porcií

Pri návšteve vinárstva Orlandi Contucci Ponno v Abruzzo som mal to potešenie ochutnať ich vynikajúce vína, vrátane bielych odrôd viniča z Trebbiano d'Abruzzo a červených z Montepulciano d'Abruzzo, ako aj niekoľkých zmesí. Takto dobré vína si zaslúžia dobré jedlo a náš obed nesklamal, najmä vajíčka, syr a dusené žemľové knedle v paradajkovej omáčke. Aj keď som ich nikdy predtým neskúšal, malý výskum ma naučil, že tieto „bezmäsité fašírky" sú obľúbené aj v iných regiónoch Talianska, ako je Calabria a Basilicata.

Kuchárka v suteréne mi povedala, že robí mäsové guľky s chlebom z mäkkýšov, vnútro chleba bez kôrky. Robím ich s celozrnným pečivom. Keďže taliansky chlieb, ktorý tu kupujem, nie je taký tvrdý ako taliansky, kôrka dáva mäsovým guľkám extra textúru.

Ak ich plánujete pripraviť vopred, nechajte mäsové guľky a omáčku oddelené, kým nebudete pripravené na podávanie, aby mäsové guľky neabsorbovali príliš veľa omáčky.

1 12-uncový taliansky alebo francúzsky bochník nakrájaný na 1-palcové kúsky (asi 8 šálok)

2 poháre studenej vody

3 veľké vajcia

1/2 šálky strúhaného Pecorino Romano plus viac na servírovanie

1 1/4 šálky nasekanej čerstvej petržlenovej vňate

1 strúčik cesnaku, nasekaný nadrobno

rastlinný olej na vyprážanie

zahltiť

1 stredná cibuľa, jemne nakrájaná

1 1/2 šálky olivového oleja

2 plechovky (28 uncí) dovezené talianske lúpané paradajky so šťavou, nasekané

1 malé sušené peoncino, rozdrvené alebo štipka mletej červenej papriky

Špinavý

6 lístkov čerstvej bazalky

1. Chlieb nakrájajte alebo nalámte na malé kúsky alebo chlieb rozdrvte v kuchynskom robote na hrubú strúhanku. Chlieb namočte na 20 minút do vody. Chlieb stlačte, aby ste odstránili prebytočnú vodu.

dva. Vo veľkej mise vyšľaháme vajcia, syr, petržlenovú vňať a cesnak so štipkou soli a korenia podľa chuti. Pridajte rozdrobený chlieb a dobre premiešajte. Ak sa vám zmes zdá suchá, pridajte ďalšie vajce. Dobre premiešajte. Zo zmesi tvarujte loptičky veľkosti golfovej loptičky.

3. Nalejte dostatok oleja do veľkej a ťažkej panvice, aby ste dosiahli hĺbku 1 palca. Olej zohrejte na strednom plameni,

kým kvapka chlebovej zmesi nezaprská, keď ju pridáte do oleja.

štyri. Pridajte guľky do panvice a varte, jemne otáčajte, kým nezhnednú zo všetkých strán, asi 10 minút. Guličky necháme odkvapkať na savom papieri.

5.Na omáčku vo veľkej panvici orestujte cibuľu na olivovom oleji na strednom ohni, kým nezmäkne. Pridajte paradajky, peboncino a soľ podľa chuti. Varte na miernom ohni 15 minút alebo do mierneho zhustnutia.

6.Pridajte chlebové guľky a zalejte omáčkou. Varte ďalších 15 minút na miernom ohni. Posypeme bazalkou. Podávajte s ďalším syrom.

Palacinky plnené Ricottou

manicotti

Recept na 6 až 8 porcií

Zatiaľ čo veľa kuchárov používa variče cestovín na výrobu manicotti, tu je neapolský rodinný recept mojej mamy s použitím palaciniek. Hotové manicotti sú oveľa ľahšie ako tie, ktoré sa vyrábajú z cestovín a niektorí kuchári považujú manicotti za jednoduchšie pripraviť z palaciniek.

   3 šálky[Neapolský guláš]()

Palacinky

1 univerzálna múka

1 pohár vody

3 vajcia

1 1/2 lyžičky soli

Zeleninový olej

Živina

2 libry celá alebo čiastočne odtučnená ricotta

4 unce čerstvej mozzarelly, nasekanej alebo nastrúhanej

1/2 šálky čerstvo nastrúhaného Parmigiano-Reggiano

1 veľké vajce

2 lyžice nasekanej čerstvej petržlenovej vňate

čerstvo mleté čierne korenie podľa chuti

Štipka soli

1/2 šálky čerstvo nastrúhaného Parmigiano-Reggiano

1. Pripravte guláš. Ďalej vo veľkej mise vyšľaháme ingrediencie na krepové cesto do hladka. Prikryte a dajte do chladničky na 30 minút alebo viac.

dva. Zahrejte 6-palcovú nepriľnavú panvicu alebo panvicu na omeletu na stredne vysokú teplotu. Panvicu jemne namažte olejom. Panvicu chyťte do jednej ruky a nalejte do nej asi 1/3 šálky palacinkového cesta. Formu ihneď zdvihnite a otočte tak, aby dno bolo úplne pokryté tenkou vrstvou cesta. Prebytočné cesto sceďte. Varte minútu alebo kým okraj palačinky nie je zlatohnedý a nezačne vychádzať z panvice. Palacinku otočte prstami a opečte druhú stranu, kým jemne nezhnedne. Varte ešte 30 sekúnd alebo do zlatista.

3. Vyprážanú palacinku položíme na tanier. Začnite opäť tak, že zo zvyšného cesta urobíte placky a poukladáte ich na seba.

štyri. Zmiešajte všetky ingrediencie na náplň vo veľkej miske, kým sa nespoja.

5. Rozložte tenkú vrstvu omáčky do zapekacej misy s rozmermi 13 x 9 x 2 palcov. Na plnenie palaciniek naneste asi 1/4 šálky plnky pozdĺž jednej strany palaciniek. Krep zvinieme a vložíme do zapekacej misy švom nadol. Pokračujte v plnení a rolovaní zvyšných palaciniek a ukladajte ich na seba. Pridajte ďalšiu omáčku pomocou lyžice. Posypeme syrom.

6. Umiestnite gril do stredu rúry. Predhrejte rúru na 350 ° F. Pečte 30 až 45 minút, alebo kým omáčka nezačne bublať a manicotti sa zohrejú. Podávajte horúce.

Palacinky Timbale z Abruzza s hubami

Timballo di Scrippelle

Vyrába 8 porcií

Kamarátka, ktorej stará mama pochádzala z Terama v regióne Abruzzo, si zaspomínala na vynikajúce hubové a syrové palacinky, ktoré na sviatky pripravovala jej stará mama. Tu je verzia tohto jedla, ktorú som prevzal z knihy Slow Food Editore Ricette di Osterie d'Italia. Podľa knihy sú palacinky potomkami prepracovaných krepových prípravkov, ktoré francúzski kuchári zaviedli do regiónu v 17. storočí.

2 1/2 šálky [Toskánska paradajková omáčka](...)

Palacinky

5 veľkých vajec

1 1/2 šálky vody

1 lyžička soli

1 1/2 šálky viacúčelovej múky

rastlinný olej na vyprážanie

Živina

1 šálka sušených húb

1 šálka vlažnej vody

1 1/4 šálky olivového oleja

1 libra čerstvých bielych húb, opláchnutých a nahrubo nakrájaných

1 strúčik cesnaku, nasekaný nadrobno

2 lyžice čerstvej plochej petržlenovej vňate

Soľ a čerstvo mleté čierne korenie

12 uncí čerstvej mozzarelly, orezanej a nakrájanej na 1-palcové kúsky

1 šálka čerstvo nastrúhaného Parmigiano-Reggiano

1. Pripravte si paradajkovú omáčku. Zmiešajte krepové prísady vo veľkej miske, kým nebudú hladké. Prikryte a dajte do chladničky na 30 minút alebo viac.

dva. Zahrejte 6-palcovú nepriľnavú panvicu alebo panvicu na omeletu na stredne vysokú teplotu. Panvicu jemne namažte olejom. Panvicu chyťte do jednej ruky a nalejte do nej asi 1/3 šálky palacinkového cesta. Formu ihneď zdvihnite a otočte tak, aby dno bolo úplne pokryté tenkou vrstvou cesta. Prebytočné cesto sceďte. Varte 1 minútu alebo kým okraj palačinky nie je zlatohnedý a nezačne sa vyťahovať z panvice. Palacinku otočte prstami a opečte druhú stranu, kým jemne nezhnedne. Varte ďalších 30 sekúnd alebo kým nebudú mramorovo hnedé.

3. Vyprážanú palacinku položíme na tanier. Znova začnite pripravovať krep so zvyškom cesta a poukladajte ich na seba.

štyri. Na plnku namočíme sušené huby na 30 minút do vody. Odstráňte huby a ponechajte tekutinu. Opláchnite huby pod tečúcou studenou vodou, aby ste odstránili všetky nečistoty, pričom osobitnú pozornosť venujte koncom stonky, kde sa hromadí nečistota. Huby nakrájame na veľké kúsky. Hubovú tekutinu precedíme cez papierový kávový filter do misky.

5. Vo veľkej panvici zohrejte olej. Pridajte huby. Varte za častého miešania, kým huby nie sú zlatohnedé, 10 minút. Pridajte cesnak, petržlenovú vňať a soľ a korenie podľa chuti. Varte, kým cesnak nezozlatne, ešte asi 2 minúty. Pridajte sušené huby a ich tekutinu. Varte 5 minút alebo kým sa väčšina tekutiny neodparí.

6. Umiestnite gril do stredu rúry. Predhrejte rúru na 375 ° F. Nalejte tenkú vrstvu paradajkovej omáčky do 13 × 9 × 2-palcovej zapekacej misky. Rozložte vrstvu palaciniek, mierne ich prekrývajte. Potom pridajte vrstvu šampiňónov, mozzarellu, omáčku a syr. Vrstvy zopakujeme a zakončíme palacinkami, omáčkou a strúhaným syrom.

7. Pečte 45 až 60 minút alebo kým omáčka nezačne bublať. Pred podávaním nechajte 10 minút postáť. Nakrájajte na štvorce a podávajte horúce.

Remeselné toskánske špagety s mäsovou omáčkou

Pici al Ragu

Vyrába 6 porcií

Ručne vyrábané cestoviny gumené vlákna sú obľúbené v Toskánsku a častiach Umbrie, zvyčajne varené s duseným mäsom. Cestoviny sa nazývajú pici alebo pinci a pochádzajú zo slova appicciata, čo znamená „ručne natiahnuté".

Naučil som sa ich robiť v Montefollonico v reštaurácii s názvom La Chiusa, kde šéfkuchár prichádza ku každému stolu a ukazuje zákazníkom, ako ich vyrobiť. Vyrábajú sa veľmi jednoducho, aj keď zaberú veľa času.

3 šálky nebielenej viacúčelovej múky plus ďalšie na vytvorenie cesta

Špinavý

1 polievková lyžica olivového oleja

Asi 1 šálka vody

6 šálok<u>Toskánska mäsová omáčka</u>

½ šálky čerstvo nastrúhaného Parmigiano-Reggiano

1. Vložte múku a 1/4 čajovej lyžičky soli do veľkej misy a premiešajte. Do stredu nalejte olej. Zmes začnite miešať pomalým pridávaním vody a zastavte, keď sa cesto začne spájať a vytvárať guľu. Cesto položte na jemne pomúčenú pracovnú dosku a miesime, kým nebude hladké a elastické, asi 10 minút.

dva. Cesto vytvarujte do gule. Prikryjeme prevrátenou miskou a necháme 30 minút postáť.

3. Veľký plech poprášime múkou. Cesto rozdeľte na štvrtiny. Vždy pracujte so štvrtinou cesta a zvyšok prikryte. Nakrájajte na malé kúsky veľkosti lieskového orecha.

štyri. Na jemne pomúčenej doske rozvaľkajte každý kúsok cesta rukami na tenké prúžky hrubé asi palec. Umiestnite pramene na pripravený plech s malým priestorom medzi nimi. Opakujte so zvyšným cestom. Nechajte pastu zaschnúť odkrytú asi 1 hodinu.

5. Medzitým si pripravte omáčku. Potom priveďte do varu 4 litre vody vo veľkom hrnci. Podľa chuti dosolíme. Pridajte pici a varte do al dente, mäkké, ale stále pevné. Cestoviny sceďte a vložte ich s omáčkou do veľkej predhriatej misy. Posypeme syrom a znova premiešame. Podávajte horúce.

Pici s cesnakom a strúhankou

Pite s Briciole

Recept na 4 až 6 porcií

Toto jedlo pochádza z La Fattoria, lahodnej reštaurácie pri jazere neďaleko etruského mesta Chiusi.

> 1 lb<u>Remeselné toskánske špagety s mäsovou omáčkou</u>, kroky 1 až 6

1 1/2 šálky olivového oleja

4 veľké strúčiky cesnaku

1 1/2 šálky jemnej suchej strúhanky

1 1/2 šálky čerstvo nastrúhaného Pecorino Romano

1. Pripravte si cestoviny. Na panvici, ktorá je dostatočne veľká, aby sa do nej zmestili všetky cestoviny, zohrejte olej na strednom ohni. Zľahka rozdrvte strúčiky cesnaku a pridajte ich na panvicu. Varte, kým cesnak nie je zlatý, asi 5 minút. Nenechaj ju červenať sa. Odstráňte cesnak z panvice

a pridajte strúhanku. Varte za častého miešania, kým strúhanka nie je zlatohnedá, asi 5 minút.

dva. Medzitým priveďte do varu aspoň 4 litre vody. Pridajte cestoviny a 2 polievkové lyžice soli. Dobre premiešajte. Varte na prudkom ohni za častého miešania, kým nie sú cestoviny al dente, mäkké, ale pevné, keď sa do nich zahryznete. Cestoviny sceďte.

3.Pridajte cestoviny do panvice so strúhankou a dobre premiešajte na strednom ohni. Posypeme syrom a znova premiešame. Ihneď podávajte.

krupicové cesto

Výťažok približne 1 lb.

Krupica z tvrdej pšenice sa používa na výrobu rôznych druhov čerstvých cestovín v južnom Taliansku, najmä v Puglii, Kalábrii a Basilicate. Po uvarení sú tieto cestoviny žuvacie a dobre sa spájajú s výdatnými mäsovými a zeleninovými omáčkami. Cesto je veľmi tvrdé. Dá sa miesiť ručne, aj keď je to dosť náročné cvičenie. Najradšej používam kuchynský robot alebo ťažký mixér, aby bola zmes ťažká, potom ju krátko ručne premiesim, aby bola konzistencia správna.

1½ šálky jemnej krupice

1 šálka viacúčelovej múky plus viac na posypanie

1 lyžička soli

Asi 2/3 šálky vlažnej vody

1. Zmiešajte suché ingrediencie v miske kuchynského robota alebo výkonného mixéra. Postupne pridávajte vodu, aby ste získali pevné, nelepivé cesto.

dva. Cesto položte na jemne pomúčenú dosku. Miesime do hladka, asi 2 minúty.

3.Cesto prikryjeme miskou a necháme 30 minút odpočívať. Dva veľké plechy vysypte múkou.

štyri. Cesto nakrájajte na 8 kusov. Pracujte vždy s jedným kusom a ostatné kusy nechajte prikryté obrátenou miskou. Na jemne pomúčenej ploche rozvaľkajte jeden kus cesta na dlhú stuhu s hrúbkou asi 1 palca. Z cesta vytvarujte cavatelli alebo recchiette, ako je popísané v návode.<u>Cavatelli z Ragu</u>recept.

Cavatelli z Ragu

Cavatelli z Ragu

Recept na 6 až 8 porcií

Obchody a katalógy špecializujúce sa na zariadenia na výrobu cestovín často predávajú stroj cavatella. Vyzerá ako starý mlynček na mäso. Priloží ho na pult, na jeden koniec vloží kúsok cesta, otočí kľukou a druhým koncom vyjde dobre uvarené cavatelli. Toto robí dávku tohto krátkeho koláča, ale neobťažoval by som sa, pokiaľ nerobím veľa cavatelli.

Pri tvarovaní cavatelli pracujte na drevenom alebo inom drsnom povrchu. Textúrovaný povrch drží kúsky cesta na cestoviny, takže ich možno ťahať nožom namiesto toho, aby sa posúvali po hladkej, klzkej doske.

klobásový gulášAleboSicílska paradajková omáčka

1 lbkrupicové cestopripravený v kroku 4

Špinavý

1. Pripravte guláš alebo omáčku. Pripravíme si 2 plechy vysypané múkou.

dva. Cesto nakrájajte na 1/2 palcové kúsky. Ukazovákom pridržte malý nôž s tupou čepeľou a zaoblenou špičkou proti čepeli. Každý kúsok cesta vyrovnáme miernym stlačením a potiahnutím tak, aby sa cesto obtočilo okolo hrotu noža a vytvorilo kôrku.

3. Rozdeľte kúsky do pripravených foriem. Opakujte so zvyšným cestom. (Ak cavatellu hodinu nepoužívate, vložte taniere do mrazničky. Ak sú kúsky tvrdé, vložte ich do plastového vrecka a pevne uzavrite. Pred varením nerozmrazujte.)

štyri. Pred varením prevarte štyri litre studenej vody na prudkom ohni. Pridajte cavatelli a 2 polievkové lyžice soli. Varte za občasného miešania, kým nie sú cestoviny mäkké, ale stále trochu žuvacie.

5. Sceďte cavatelli a vložte ich do misy, aby ste ich mohli podávať horúce. Zmiešame s omáčkou. Podávajte horúce.

Cavatelli s chobotnicou a šafranom

Cavatelli zo Sugo di Calamari

Vyrába 6 porcií

Mierne žuvacia textúra chobotnice dopĺňa gumu cavatella v tomto súčasnom sicílskom recepte. Krémovú a zamatovú konzistenciu omáčka získa vďaka zmesi múky a olivového oleja a krásnu žltú farbu má na svedomí šafran.

1 čajová lyžička šafranových nití

2 polievkové lyžice vlažnej vody

1 stredná cibuľa, jemne nakrájaná

2 strúčiky cesnaku, veľmi jemne nakrájané

5 lyžíc olivového oleja

1 čistá kniha<u>chobotnice</u>(chobotnice), nakrájame na 1-palcové (2,5 cm) kolieska.

1 1/2 šálky suchého bieleho vína

Soľ a čerstvo mleté čierne korenie

1 polievková lyžica múky

1 libra čerstvej alebo mrazenej cavatelly

1 1/4 šálky nasekanej čerstvej petržlenovej vňate

extra panenský olivový olej

1.Šafran rozdrvíme vo vlažnej vode a odložíme bokom.

dva. Na panvici dostatočne veľkej, aby sa do nej zmestili všetky cestoviny, opražte cibuľu a cesnak na 4 polievkových lyžiciach oleja na strednom ohni, kým cibuľa nezhnedne, asi 10 minút. Pridajte chobotnicu a varte za stáleho miešania, kým chobotnica nebude matná, asi 2 minúty. Pridajte víno a soľ a korenie podľa chuti. Priveďte do varu a varte 1 minútu.

3.Zvyšnú lyžicu oleja zmiešame s múkou. Pridajte zmes kalamárov. Priviesť do varu. Pridajte šafranovú zmes a varte ďalších 5 minút.

štyri. Medzitým priveďte do varu aspoň 4 litre vody. Pridajte cestoviny a 2 polievkové lyžice soli. Dobre premiešajte. Varte na silnom ohni za častého miešania, kým cestoviny nezmäknú, ale ľahko sa uvaria. Cestoviny sceďte, ale nechajte si časť tekutiny na varenie.

5.Zmiešajte cestoviny na panvici s chobotnicou. Ak sa zmes zdá suchá, pridajte trochu vody na varenie. Pridajte petržlenovú vňať a dobre premiešajte. Odstavíme z ohňa a pokvapkáme trochou extra panenského olivového oleja. Ihneď podávajte.

Cavatelli s rukolou a paradajkami

Cavatelli s Rughettou a Pomodorim

Recept na 4 až 6 porcií

Rukola je bežnejšie známa ako zelený šalát, ale v Puglii sa často varí alebo, ako v tomto recepte, sa pridáva na poslednú chvíľu do horúcej polievky alebo cestovín, aby zvädla. Milujem korenistú, orechovú príchuť, ktorú dodáva.

1 1/4 šálky olivového oleja

2 strúčiky cesnaku nakrájané nadrobno

2 libry zrelých slivkových paradajok, olúpaných, vykôstkovaných a nakrájaných, alebo 1 plechovka (28 uncí) dovezených slivkových paradajok bez kože so šťavou

Soľ a čerstvo mleté čierne korenie

1 libra čerstvej alebo mrazenej cavatelly

1/2 šálky strúhanej ricotty alebo pecorino romano šalátu

1 veľký zväzok rukoly, orezaný a nakrájaný na malé kúsky (asi 2 šálky)

1.Na panvici dostatočne veľkej na to, aby sa do nej zmestili všetky ingrediencie, opražte cesnak na oleji na strednom ohni, kým jemne nezhnedne, asi 2 minúty. Pridajte paradajky a soľ a korenie podľa chuti. Omáčku priveďte do varu a varte do zhustnutia, asi 20 minút.

dva.Prevarte aspoň 4 litre vody. Pridajte cestoviny a soľ podľa chuti. Dobre premiešajte. Varte na prudkom ohni za častého miešania, kým nie sú cestoviny uvarené. Cestoviny sceďte, ale nechajte si časť tekutiny na varenie.

3.Pridajte cestoviny do paradajkovej omáčky s polovicou syra. Pridajte rukolu a dobre premiešajte. Ak sa vám cestoviny zdajú príliš suché, pridajte trochu tekutiny na varenie. Posypeme zvyšným syrom a ihneď podávame.

Orecchiette s bravčovým ragú

Orecchiette z Ragu di Maiale

Recept na 6 až 8 porcií

Moja kamarátka Dora Marzovilla pochádza z Rutigliana neďaleko Bari. Je odborníčkou na výrobu cestovín a pri jej sledovaní som sa veľa naučil. Dora má špeciálnu drevenú dosku na cestoviny, ktorá sa používa iba na výrobu cestovín. Zatiaľ čo Dora pripravuje veľa druhov čerstvých cestovín, ako sú halušky, cavatelli, ravioli a maloreddu, jej špecialitou je sardínsky šafran orecchiette pre svoju rodinnú reštauráciu I Trulli v New Yorku.

Príprava orecchiette je veľmi podobná príprave cavatelly. Hlavný rozdiel je v tom, že škrupina cestovín má otvorenejší tvar kupoly, niečo ako obrátené frisbee alebo v talianskych predstavách uška, odtiaľ ich názov.

1 recept<u>krupice</u>

3 šálky<u>Bravčový guláš s čerstvými bylinkami</u>

1 1/2 šálky čerstvo nastrúhaného Pecorino Romano

1. Pripravte guláš a cesto. Pripravíme si 2 veľké plechy vysypané múkou. Cesto nakrájajte na 1/2 palcové kúsky. Ukazovákom pridržte malý nôž s tupou čepeľou a zaoblenou špičkou proti čepeli. Každý kúsok cesta vyrovnajte špičkou noža, jemne zatlačte a posúvajte cesto, aby ste vytvorili kotúč. Prevráťte každý disk cez špičku palca, aby ste vytvorili kopulovitý tvar.

dva. Rozdeľte kúsky do pripravených foriem. Opakujte so zvyšným cestom. (Ak orecchiette do hodiny nepoužijete, vložte kastróly do mrazničky. Ak sú kúsky tvrdé, vložte ich do plastového vrecka a pevne uzavrite. Pred varením nerozmrazujte.)

3. Prevarte aspoň 4 litre vody. Pridajte cestoviny a soľ podľa chuti. Dobre premiešajte. Varte na prudkom ohni za častého miešania, kým nie sú cestoviny al dente, mäkké, ale pevné, keď sa do nich zahryznete. Cestoviny sceďte, ale nechajte si časť tekutiny na varenie.

štyri. Pridajte rezance do guláša. Pridajte syr a dobre premiešajte, ak sa vám omáčka zdá príliš hustá, pridajte trochu vody na varenie. Ihneď podávajte.

Orecchiette s brokolicou Rabe

Orecchiette z Cime di Lotte

Recept na 4 až 6 porcií

Je to takmer oficiálne jedlo Puglie a nikde inde ho nenájdete. Nazýva brokolicu rabe, tiež nazývanú rapini, hoci možno použiť aj okrúhlicu, horčicu, kel alebo obyčajnú brokolicu. Brokolica má dlhé stonky a listy a príjemne horkastú chuť, hoci varením sa horkosť trochu zmierni a zjemní.

1 zväzok brokolice (asi 1 1/2 lb), nakrájanej na 1-palcové kúsky

Špinavý

1/3 šálky olivového oleja

4 strúčiky cesnaku

8 filet zo sardel

štipka mletej červenej papriky

1 libra čerstvého orecchiette alebo cavatelli

1. Veľký hrniec s vodou priveďte do varu. Pridajte brokolicu a soľ podľa chuti. Brokolicu povaríme 5 minút a scedíme. Mal by byť stále pevný.

dva. Nádobu vysušte. Zahrejte cesnakový olej na strednom ohni. Pridajte ančovičky a červenú papriku. Keď cesnak zozlatne, pridáme brokolicu. Varte za stáleho miešania, aby sa brokolica obalila olejom, kým nezmäkne, asi 5 minút.

3. Prevarte aspoň 4 litre vody. Pridajte cestoviny a soľ podľa chuti. Dobre premiešajte. Varte na prudkom ohni za častého miešania, kým nie sú cestoviny al dente, mäkké, ale pevné, keď sa do nich zahryznete. Cestoviny sceďte, ale nechajte si časť tekutiny na varenie.

štyri. Pridajte brokolicové rezance. varte za stáleho miešania 1 minútu alebo kým sa cestoviny dobre nespoja. V prípade potreby pridajte trochu šťavy na varenie.

Zmeniť: Odstráňte ančovičky. Cestoviny podávajte posypané nasekanými praženými mandľami alebo strúhaným Pecorino Romano.

Zmeniť: Odstráňte ančovičky. Odstráňte vnútornosti z 2 talianskych párkov. Mäso nakrájame nadrobno a uvaríme s cesnakom, čili papričkou a brokolicou. Podávame posypané Pecorino Romano.

Karfiol a paradajkový orecchiette

Orecchiette s Cavolfiore a Pomodori

Recept na 4 až 6 porcií

Tieto cestoviny som sa naučil robiť od člena rodiny pôvodom zo Sicílie, ale jedia sa aj v Puglii. Ak chcete, môžete strúhanku nahradiť strúhaným syrom.

1/3 šálky plus 2 lyžice olivového oleja

1 strúčik cesnaku, nasekaný nadrobno

3 libry slivkových paradajok, olúpaných, zbavených semienok a nakrájaných, alebo 1 plechovka (28 uncí) dovezených slivkových paradajok, so šťavou, nasekané

1 stredný karfiol očistený a rozdelený na ružičky

Soľ a čerstvo mleté čierne korenie

3 polievkové lyžice suchej strúhanky

2 ančovičky, nakrájané na plátky (voliteľné)

1 libra čerstvého orecchiette

1. V hrnci, ktorý je dostatočne veľký, aby sa doň zmestili všetky ingrediencie, opražte cesnak na 1/3 šálky olivového oleja na strednom ohni do zlatista. Pridajte paradajky a soľ a korenie podľa chuti. Priveďte do varu a varte 10 minút.

dva. Pridajte karfiol. Zakryte a varte za občasného miešania, kým karfiol nezmäkne, asi 25 minút. Karfiol trochu roztlačte zadnou stranou lyžice.

3. V malej panvici zohrejte zvyšné 2 lyžice oleja na strednom ohni. Ak chcete, pridajte strúhanku a ančovičky. Varte, miešajte, kým omrvinky nie sú zlatohnedé a olej sa absorbuje.

štyri. Prevarte aspoň 4 litre vody. Pridajte cestoviny a soľ podľa chuti. Varte za častého miešania, kým nie sú cestoviny al dente, mäkké, ale pevné. Cestoviny sceďte, ale nechajte si časť tekutiny na varenie.

5. Cestoviny zmiešame s paradajkovou omáčkou a karfiolom. V prípade potreby pridajte trochu šťavy na varenie. Posypeme strúhankou a ihneď podávame.

Orecchiette s klobásou a kapustou

Orecchiette so salsicciou a Cavolo

Vyrába 6 porcií

Keď sa moja kamarátka Domenica Marzovilla vrátila z výletu do Toskánska, opísala mi tieto cestoviny, ktoré jedla u kamarátky. Zdalo sa mi to také jednoduché a dobré, že som išiel domov a urobil som to.

2 polievkové lyžice olivového oleja

8 uncí sladkej bravčovej klobásy

8 uncí pikantnej bravčovej klobásy

2 šálky dovezených talianskych paradajok z konzervy, scedené a nakrájané

Špinavý

1 libra savojovej kapusty (asi 1/2 strednej hlávky)

1 libra čerstvého orecchiette alebo cavatelli

1.Na strednej panvici zohrejte olej na strednom ohni. Pridajte párky a opekajte, kým zo všetkých strán nezhnednú, asi 10 minút.

dva.Pridajte paradajky a štipku soli. Priveďte do varu a varte, kým omáčka nezhustne, asi 30 minút.

3.Z kapusty vyrežeme jadrovník. Kapustu nakrájame na tenké prúžky.

štyri.Veľký hrniec s vodou priveďte do varu. Pridajte kapustu a varte 1 minútu potom, čo sa voda vráti do varu. Odstráňte kapustu dierovanou lyžicou. Dobre sceďte. Šetrite vodu na varenie.

5.Položte klobásy na reznú dosku a omáčku nechajte na panvici. Pridajte kapustu do omáčky; varte 15 minút. Klobásu nakrájame na tenké plátky.

6.Vodu vrátime do varu a cestoviny uvaríme so soľou podľa chuti. Dobre sceďte a zmiešajte s párkami a omáčkou. Podávajte horúce.

Mečiara orecchiette

Orecchiette s Pesce Spada

Recept na 4 až 6 porcií

Ak je to žiaduce, mečúň môže byť nahradený tuniakom alebo žralokom. Solenie baklažánu odstráni časť horkej šťavy a zlepší štruktúru, hoci mnohí kuchári považujú tento krok za zbytočný. Vždy pridávam soľ, ale výber je na vás. Baklažán môže byť varený niekoľko hodín pred cestovinami. Pred podávaním ho jednoducho zohrejte na plechu na pečenie v rúre vyhriatej na 350 °F asi 10 minút. Tieto sicílske cestoviny sú v talianskej kuchyni nezvyčajné, pretože omáčka síce obsahuje ryby, ale je zakončená syrom, vďaka čomu je šťavnatá.

1 veľký alebo 2 malé baklažány (asi 1 1/2 libry)

Hrubá soľ

Kukuričný olej alebo iný rastlinný olej na vyprážanie

3 polievkové lyžice olivového oleja

1 veľký strúčik cesnaku, veľmi jemne nasekaný

2 zelené cibule, jemne nakrájané

8 uncí filé z mečúňa alebo iného mäsitého rybieho filé (asi 1/2 palca hrubé), koža odstránená, nakrájaná na 1/2 palcové kúsky

čerstvo mleté čierne korenie podľa chuti

2 polievkové lyžice bieleho vínneho octu

2 šálky ošúpaných, zbavených semienok a nakrájaných čerstvých paradajok alebo konzervovaných talianskych paradajok z konzervy, nasekaných, so šťavou

1 lyžička čerstvých listov oregana, nasekaných alebo štipka sušeného oregana

1 libra čerstvého orecchiette alebo cavatelli

1/3 šálky čerstvo nastrúhaného Pecorino Romano

1. Nakrájajte baklažán na 1-palcové kocky. Kúsky položte do cedníka na tanier a bohato posypte soľou. Nechajte pôsobiť 30 minút až 1 hodinu. Kúsky baklažánu rýchlo opláchnite. Kúsky položte na savý papier a vyžmýkajte.

dva. Vo veľkej, hlbokej panvici na strednom ohni zohrejte asi 1/2 palca oleja. Ak chcete olej otestovať, opatrne doň vložte malý kúsok baklažánu. Keď to prská a rýchlo sa uvarí, pridajte toľko baklažánu, aby vytvoril vrstvu. Nádobu nenapĺňajte. Varte za občasného miešania, kým nie je baklažán chrumkavý a zlatý, asi 5 minút. Kúsky vyberte štrbinovou lyžicou. Dobre odkvapkajte na savom papieri. Opakujte so zvyšným baklažánom. daj to dole.

3. Na strednej panvici na strednom ohni orestujte olivový olej s cesnakom a jarnou cibuľkou 30 sekúnd. Pridajte rybu a posypte soľou a korením. Varte za občasného miešania, kým ryba už nie je ružová, asi 5 minút. Pridajte ocot a varte 1 minútu. Pridajte paradajky a oregano. Priveďte do varu a varte 15 minút alebo kým zmes mierne nezhustne.

štyri. Medzitým priveďte do varu veľký hrniec so studenou vodou. Dosolíme podľa chuti a pridáme cestoviny. Varte za občasného miešania, kým nie je al dente, mäkké, ale pevné. Dobre sceďte.

5. Zmiešajte cestoviny, omáčku a baklažán vo veľkej teplej miske. Dobre premiešajte. Pridajte syr. Podávajte horúce.

Ryža, kukuričná múka a iné obilniny

Spomedzi mnohých obilnín pestovaných a používaných v Taliansku sú najbežnejšie ryža a kukuričná múka. Farro, kuskus a jačmeň sú regionálne špeciality, rovnako ako pšeničné bobule.

Ryža bola prvýkrát dovezená do Talianska z Blízkeho východu. Obzvlášť dobre rastie v severnom Taliansku, najmä v regiónoch Piemont a Emilia-Romagna.

Talianski kuchári sú veľmi špecifickí, pokiaľ ide o ich preferovaný typ stredne zrnitej ryže, hoci rozdiely medzi odrodami môžu byť jemné. Mnohí kuchári definujú jeden typ pre rizoto s morskými plodmi a iný pre zeleninové rizoto. Často sú preferencie regionálne alebo jednoducho tradičné, hoci každé plemeno má špecifické vlastnosti. Ryža Carnaroli dobre drží tvar a robí rizoto trochu krémovejším. Vialone Nano sa varí rýchlejšie a chutí jemnejšie. Arborio je najznámejší a široko dostupný, ale chuť je menej jemná. Najlepšie sa hodí do rizota pripraveného z výrazne ochutených ingrediencií. Ktorúkoľvek z týchto troch variácií možno použiť v receptoch na rizoto v tejto knihe.

Kukurica je v Taliansku relatívne nová obilnina. Až po európskom prieskume Nového sveta sa kukurica dostala do Španielska a odtiaľ sa rozšírila po celom kontinente. Kukurica je nenáročná a lacná na pestovanie, preto bola čoskoro široko vysadená. Väčšina sa pestuje na kŕmenie zvierat, no na výrobu polenty sa najčastejšie používa kukuričná múka, biela aj žltá. V Taliansku je zriedkavé nájsť kukuričný klas, okrem Neapola, kde predajcovia niekedy predávajú pukance ako pouličné jedlo. Rimania niekedy pridávali do šalátov konzervované kukuričné zrná, ale to je exotická vzácnosť.

Farro a pšeničné zrná sú najčastejšie v strednom a južnom Taliansku, kde sa pestujú. Farro, starodávny druh pšenice, považujú Taliani za zdravé jedlo. Funguje veľmi dobre v polievkach, šalátoch a iných konzervách.

Jačmeň je staré zrno, ktoré dobre rastie v chladnejších severných oblastiach. Rimania kŕmili svoje armády jačmeňom a inými obilninami. Varila sa z nej kaša alebo polievka, takzvaná strukovina, pravdepodobne predchodca polenty. Jačmeň sa dnes nachádza najmä v severovýchodnom Taliansku, neďaleko Rakúska, varí sa v rizote alebo sa pridáva do polievok.

Kuskus, vyrobený z múky z tvrdej pšenice a zvinutý do malých guľôčok, je typický pre západnú Sicíliu a je pozostatkom arabskej nadvlády v regióne pred storočiami. Zvyčajne sa varí s morskými plodmi alebo mäsovým vývarom.

RYŽA

Ryža sa pestuje v severnom Taliansku v regiónoch Piemont a Emilia-Romagna a je základnou potravinou, ktorá sa často konzumuje ako predjedlo namiesto cestovín alebo polievky. Klasický spôsob varenia ryže je ako rizoto, to je moja predstava o ryži v nebi!

Ak ste to ešte nikdy nerobili, technika rizota sa vám môže zdať nezvyčajná. Žiadna iná kultúra nepripravuje ryžu tak ako Taliani, hoci technika je podobná výrobe pilafu, kde sa ryža vypráža, potom varí a tekutina z varenia sa absorbuje. Cieľom je uvariť ryžu tak, aby uvoľnila škrob a vytvorila krémovú omáčku. Hotová ryža by mala byť mäkká, ale pevná, al dente. Zrná absorbovali chute ostatných zložiek a sú obklopené krémovou tekutinou. Pre dosiahnutie najlepších výsledkov by sa rizoto malo konzumovať ihneď po uvarení, inak môže byť suché a kašovité.

Rizoto chutí najlepšie, keď si ho pripravíte doma. Máloktorá reštaurácia dokáže stráviť varením rizota toľko času, koľko potrebuje, aj keď to nie je veľa. V mnohých reštauračných kuchyniach sa ryža dokonca čiastočne predvarí a následne ochladí. Keď si niekto objedná rizoto, ryža sa zohreje a na dokončenie procesu varenia sa pridá tekutina s potrebnými arómami.

Keď pochopíte postup, príprava rizota je celkom jednoduchá a dá sa prispôsobiť mnohým rôznym kombináciám ingrediencií. Prvým krokom pri príprave rizota je výber správneho druhu ryže. Dlhozrnná ryža, bežná v Spojených štátoch, nie je vhodná na prípravu rizota, pretože neobsahuje správny typ škrobu. Polozrnná ryža, zvyčajne predávaná ako odrody Arborio, Carnaroli alebo Vialone Nano, obsahuje typ škrobu, ktorý sa uvoľňuje zo zŕn počas varenia a mieša sa s vývarom alebo inou tekutinou. Škrob sa naviaže na tekutinu a stane sa krémovou.

Polozrnná ryža dovážaná z Talianska je bežne dostupná v supermarketoch. Pestuje sa aj v Spojených štátoch a teraz sa dá ľahko nájsť.

Potrebovať budete aj dobrý kurací, mäsový, rybí či zeleninový vývar. Najlepší je domáci, ale dá sa použiť aj vývar z konzervy (alebo škatuľky). Zásoby z obchodu považujem za príliš silné na použitie priamo z nádoby a často ich riedim vodou. Majte na pamäti, že pokiaľ nepoužívate odrodu s nízkym obsahom sodíka, balený vývar má vysoký obsah soli, preto tomu prispôsobte pridanú soľ. Bujónové kocky sú veľmi slané a umelo dochutené, preto ich nepoužívam.

biele rizoto

Biele rizoto

Vyrába 4 porcie

Toto ľahké biele rizoto je také jednoduché a uspokojivé ako vanilková zmrzlina. Podávame ako aperitív alebo ku grilovanému mäsu. Ak máte čerstvú hľuzovku, skúste ju oholiť na hotové rizoto, aby ste získali luxusný nádych. V tomto prípade musíte syr odstrániť.

4 šálkyMäsový vývarAleboKurací vývar

4 lyžice nesoleného masla

1 polievková lyžica olivového oleja

1/4 šálky nakrájanej šalotky alebo cibule

1 ½ šálky strednej ryže, ako je Arborio, Carnaroli alebo Vialone Nano

1 1/2 šálky suchého bieleho vína alebo šumivého vína

Soľ a čerstvo mleté čierne korenie

1/2 šálky čerstvo nastrúhaného Parmigiano-Reggiano

1. V prípade potreby pripravte vývar. Na strednom ohni priveďte vývar do varu a znížte oheň, aby bol vývar horúci. Vo veľkom a ťažkom hrnci rozpustite na strednom ohni 3 polievkové lyžice masla a oleja. Pridajte šalotku a varte, kým nezmäkne, ale nezhnedne, asi 5 minút.

dva. Pridajte ryžu a miešajte drevenou vareškou, kým sa nezahreje, asi 2 minúty. Pridajte víno a za stáleho miešania varte, kým sa väčšina tekutiny neodparí.

3. Ryžu zalejeme 1/2 šálky vývaru. Varte, miešajte, kým sa väčšina tekutiny neabsorbuje. Pokračujte v pridávaní vývaru asi 1/2 šálky naraz a miešajte po každom pridaní. Teplotu upravte tak, aby sa tekutina rýchlo uvarila, ale ryža sa neprilepila na panvicu. V polovici varenia pridajte soľ a korenie podľa chuti.

štyri. Použite len toľko vývaru, koľko potrebujete, kým nebude ryža mäkká, ale pevná a rizoto krémové. Keď budete mať pocit, že ste pripravení, vyskúšajte fazuľu. Ak nie ste pripravení, skúste test zopakovať približne o minútu. Ak vývar vytečie skôr, ako sa ryža uvarí, použite horúcu vodu. Čas varenia je 18 až 20 minút.

5. Odstavte panvicu na rizoto z ohňa. Miešajte zvyšnú lyžicu masla a syra, kým sa neroztopí a nebude krémová. Ihneď podávajte.

Milánske šafránové rizoto

Milánske rizoto

Recept na 4 až 6 porcií

Zlaté šafránové rizoto je klasickým milánskym sprievodom k Osso Buco (pozri<u>Milánske teľacie stehno</u>). Pridanie drene z veľkých hovädzích kostí do rizota mu dodáva bohatú, mäsovú chuť a je tradičné, ale rizoto sa bez neho zaobíde.

6 šálok<u>Kurací vývar</u>Alebo<u>Mäsový vývar</u>

1/2 lyžičky drvených šafranových nití

4 lyžice nesoleného masla

2 polievkové lyžice hovädzej drene (voliteľné)

2 polievkové lyžice olivového oleja

1 malá cibuľa, veľmi jemne nakrájaná

2 šálky (asi 1 libra) strednej ryže, ako je Arborio, Carnaroli alebo Vialone Nano

Soľ a čerstvo mleté čierne korenie

1/2 šálky čerstvo nastrúhaného Parmigiano-Reggiano

1. V prípade potreby pripravte vývar. Na strednom ohni priveďte vývar do varu a znížte oheň, aby bol vývar horúci. Odstráňte 1/2 šálky vývaru a vložte do malej misky. Pridajte šafran a nechajte chvíľu nasiaknuť.

dva. Vo veľkom a ťažkom hrnci zohrejte 2 lyžice masla, voliteľnú kostnú dreň a olej na strednom ohni. Keď sa maslo rozpustí, pridáme cibuľu a za stáleho miešania opekáme asi 10 minút dozlatista.

3. Pridajte ryžu a varte za miešania drevenou vareškou, kým sa nezahreje, asi 2 minúty. Pridajte 1/2 šálky horúceho vývaru a miešajte, kým sa tekutina nevstrebe. Pokračujte v pridávaní vývaru 1/2 šálky naraz a po každom pridaní miešajte. Teplotu upravte tak, aby sa tekutina rýchlo uvarila, ale ryža sa neprilepila na panvicu. V polovici varenia pridajte šafranovú zmes, soľ a korenie podľa chuti.

štyri. Použite len toľko vývaru, koľko potrebujete, kým ryža nie je mäkká, ale ťažko sa žuva. Keď budete mať pocit, že ste pripravení, vyskúšajte fazuľu. Ak nie ste pripravení, skúste test zopakovať približne o minútu. Ak vývar vytečie skôr, ako sa ryža uvarí, použite horúcu vodu. Čas varenia je 18 až 20 minút.

5. Panvicu na rizoto odstavte z ohňa a pridajte zvyšné 2 lyžice masla a syra, kým sa neroztopia a nebudú krémové. Ihneď podávajte.

Špargľové rizoto

Špargľové rizoto

Vyrába 6 porcií

Región Veneto je známy svojou krásnou bielou špargľou s levanduľovými končekmi. Pre jemnú farbu je špargľa počas rastu zakrytá, aby nebola vystavená slnečnému žiareniu a netvorila chlorofyl. Biela špargľa má jemnú chuť a je jemnejšia ako zelená odroda. K tomuto rizotu sa perfektne hodí biela špargľa, ale môžete ju urobiť aj z bežnej zelenej odrody a chuť bude stále skvelá.

    5 šálokKurací vývar

1 libra čerstvej špargle, nakrájanej

4 lyžice nesoleného masla

1 malá cibuľa, nakrájaná nadrobno

2 šálky strednej ryže, ako je Arborio, Carnaroli alebo Vialone Nano

¹1/2 šálky suchého bieleho vína

Soľ a čerstvo mleté čierne korenie

3/4 šálky čerstvo nastrúhaného Parmigiano-Reggiano

1. V prípade potreby pripravte vývar. Na strednom ohni priveďte vývar do varu a znížte oheň, aby bol vývar horúci. Konce špargle odrežte a odložte. Nakrájajte stonky na 1/2-palcové plátky.

dva. Vo veľkom a ťažkom hrnci rozpustite 3 polievkové lyžice masla. Pridajte cibuľu a za občasného miešania varte na miernom ohni, kým nezmäkne a nezozlatne, asi 10 minút.

3. Pridajte špargľu. Varte za občasného miešania 5 minút.

štyri. Pridajte ryžu a varte za miešania drevenou vareškou, kým sa nezahreje, asi 2 minúty. Pridáme víno a za stáleho miešania varíme, kým sa tekutina neodparí. Ryžu zalejeme 1/2 šálky vývaru. Varte, miešajte, kým sa väčšina tekutiny neabsorbuje.

5. Pokračujte v pridávaní vývaru asi 1/2 šálky naraz a miešajte po každom pridaní. Teplotu upravte tak, aby sa

tekutina rýchlo uvarila, ale ryža sa neprilepila na panvicu. Asi po 10 minútach pridáme špargľu. Dochutíme soľou a korením. Použite len toľko vývaru, koľko potrebujete, kým nebude ryža mäkká, ale pevná a rizoto krémové. Keď budete mať pocit, že ste pripravení, vyskúšajte fazuľu. Ak nie ste pripravení, skúste test zopakovať približne o minútu. Ak vývar vytečie skôr, ako sa ryža uvarí, použite horúcu vodu. Čas varenia je 18 až 20 minút.

6. Odstavte panvicu na rizoto z ohňa. Pridajte syr a zvyšnú lyžicu masla. Ochutnajte koreniny. Ihneď podávajte.

Rizoto s červenou paprikou

Pepperoni Rossi rizoto

Vyrába 6 porcií

Na vrchole sezóny, keď sú jasne červené papriky vysoko v obchode s potravinami, som inšpirovaný, aby som ich použil na toľko spôsobov. Vďaka jemnej, jemnej chuti a krásnej farbe chutia tortilly, cestoviny, polievky, šaláty a dusené jedlá. Toto nie je tradičný recept, ale jedného dňa mi napadol, keď som hľadal nový spôsob využitia červenej papriky. V tomto recepte dobre funguje aj žltá alebo oranžová paprika.

   5 šálok<u>Kurací vývar</u>

3 lyžice nesoleného masla

1 polievková lyžica olivového oleja

1 malá cibuľa, nakrájaná nadrobno

2 červené papriky zbavené semienok a nakrájané nadrobno

2 šálky strednej ryže, ako je Arborio, Carnaroli alebo Vialone Nano

Soľ a čerstvo mleté čierne korenie

1/2 šálky čerstvo nastrúhaného Parmigiano-Reggiano

1. V prípade potreby pripravte vývar. Na strednom ohni priveďte vývar do varu a znížte oheň, aby bol vývar horúci. Vo veľkom a ťažkom hrnci zohrejte 2 polievkové lyžice masla a oleja na strednom ohni. Keď sa maslo rozpustí, pridáme cibuľu a za stáleho miešania opekáme asi 10 minút dozlatista. Pridajte korenie a varte ďalších 10 minút.

dva. Pridajte ryžu a miešajte drevenou vareškou, kým sa nezahreje, asi 2 minúty. Pridajte 1/2 šálky horúceho vývaru a miešajte, kým sa tekutina nevstrebe. Pokračujte v pridávaní vývaru 1/2 šálky naraz a po každom pridaní miešajte. Teplotu upravte tak, aby sa tekutina rýchlo uvarila, ale ryža sa neprilepila na panvicu. V polovici varenia pridajte soľ a korenie podľa chuti.

3. Použite len toľko vývaru, koľko potrebujete, kým nebude ryža mäkká, ale pevná a rizoto krémové. Keď budete mať

pocit, že ste pripravení, vyskúšajte fazuľu. Ak nie ste pripravení, skúste test zopakovať približne o minútu. Ak tekutina vytečie skôr, ako bude ryža hotová, uvarte ju v horúcej vode. Čas varenia je 18 až 20 minút.

štyri. Odstavte panvicu na rizoto z ohňa. Pridajte zvyšnú lyžicu masla a syra, kým sa neroztopí a nebude krémová. Chuť na korenie. Ihneď podávajte.

Rizoto s paradajkami a rukolou

Rizoto s pomodori a rukolou

Vyrába 6 porcií

Čerstvé paradajky, bazalka a rukola robia z tohto rizota vrchol leta. Rád ho podávam s vychladeným bielym vínom, ako je Furore de Campania od výrobcu Matilde Cuomo.

   5 šálokKurací vývar

1 veľký zväzok rukoly, očistený a opláchnutý

3 polievkové lyžice olivového oleja

1 malá cibuľa, nakrájaná nadrobno

2 libry zrelých slivkových paradajok, olúpaných, zbavených semienok a nasekaných

2 šálky strednej ryže, ako je Arborio, Carnaroli alebo Vialone Nano

Soľ a čerstvo mleté čierne korenie

1/2 šálky čerstvo nastrúhaného Parmigiano-Reggiano

2 lyžice nasekanej čerstvej bazalky

1 lyžica extra panenského olivového oleja

1. V prípade potreby pripravte vývar. Na strednom ohni priveďte vývar do varu a znížte oheň, aby bol vývar horúci. Listy rukoly nakrájame na malé kúsky. Mali by ste mať asi 2 šálky.

dva. Nalejte olej do veľkého, ťažkého hrnca. Pridajte cibuľu a varte na miernom ohni za občasného miešania drevenou vareškou, kým cibuľa nie je veľmi mäkká a zlatá, asi 10 minút.

3. Pridajte paradajky. Varte za občasného miešania, kým sa väčšina šťavy neodparí, asi 10 minút.

štyri. Pridajte ryžu a varte za miešania drevenou vareškou, kým sa nezahreje, asi 2 minúty. Ryžu zalejeme 1/2 šálky vývaru. Varte a miešajte, kým sa väčšina tekutiny nevstrebe.

5. Pokračujte v pridávaní vývaru asi 1/2 šálky naraz a miešajte po každom pridaní. Teplotu upravte tak, aby sa tekutina rýchlo uvarila, ale ryža sa neprilepila na panvicu. V polovici varenia pridajte soľ a korenie. Použite len toľko vývaru, koľko potrebujete, kým nebude ryža mäkká, ale pevná a rizoto krémové. Keď budete mať pocit, že ste pripravení, vyskúšajte fazuľu. Ak nie ste pripravení, skúste test zopakovať približne o minútu. Ak vývar vytečie skôr, ako sa ryža uvarí, použite horúcu vodu. Čas varenia je 18 až 20 minút.

6. Odstavte panvicu na rizoto z ohňa. Pridajte syr, bazalku a lyžicu extra panenského olivového oleja. Ochutnajte koreniny. Pridáme rukolu a ihneď podávame.

Rizoto s červeným vínom a čakankou

Čakankové rizoto

Vyrába 6 porcií

Radicchio, člen rodiny čakanky, sa pestuje vo Veneto. Rovnako ako čakanka, ktorej je príbuzná, aj čakanka má mierne horkú, ale sladkú chuť. Hoci ju vnímame najmä ako farebný doplnok šalátovej misy, Taliani radicchio často pripravujú. Môže sa nakrájať na štvrtiny a grilovať, alebo sa listy môžu obaliť okolo plnky a uvariť ako predjedlo. Intenzívna červená farba vína sa varením mení na tmavú mahagónovú hnedú. Toto rizoto som jedol v Il Cenacolo, reštaurácii vo Verone, ktorá ponúka tradičné recepty.

5 šálokKurací vývarAleboMäsový vývar

1 stredná čakanka (asi 12 uncí)

2 polievkové lyžice olivového oleja

2 lyžice nesoleného masla

1 malá cibuľa, nakrájaná nadrobno

1 1/2 šálky suchého červeného vína

2 šálky strednej ryže, ako je Arborio, Carnaroli alebo Vialone Nano

Soľ a čerstvo mleté čierne korenie

1/2 šálky čerstvo nastrúhaného Parmigiano-Reggiano

1. V prípade potreby pripravte vývar. Na strednom ohni priveďte vývar do varu a znížte oheň, aby bol vývar horúci. Radicchio očistíme a nakrájame na plátky hrubé asi 2,5 cm. Plátky nakrájajte na 1-palcové kúsky.

dva. Zohrejte olej v širokom a ťažkom hrnci s 1 lyžicou masla na strednom ohni. Keď je maslo rozpustené, pridajte cibuľu a za občasného miešania varte, kým cibuľa nie je veľmi mäkká, asi 10 minút.

3. Zvýšte teplotu na stredné, pridajte čakanku a varte do mäkka, asi 10 minút.

štyri. Pridajte ryžu. Pridajte víno a za stáleho miešania varte, kým sa väčšina tekutiny nevstrebe. Ryžu zalejeme 1/2 šálky vývaru. Varte a miešajte, kým sa väčšina tekutiny nevstrebe.

5. Pokračujte v pridávaní vývaru asi 1/2 šálky naraz a miešajte po každom pridaní. Teplotu upravte tak, aby sa tekutina rýchlo uvarila, ale ryža sa neprilepila na panvicu. V polovici varenia pridajte soľ a korenie. Použite len toľko vývaru, koľko potrebujete, kým nebude ryža mäkká, ale pevná a rizoto krémové. Keď budete mať pocit, že ste pripravení, vyskúšajte fazuľu. Ak nie ste pripravení, skúste test zopakovať približne o minútu. Ak vývar vytečie skôr, ako sa ryža uvarí, použite horúcu vodu. Čas varenia je 18 až 20 minút.

6. Odstráňte panvicu z ohňa a pridajte zvyšnú lyžicu masla a syra. Ochutnajte koreniny. Ihneď podávajte.

Krémové karfiolové rizoto

Rizoto Cavolfiore

Vyrába 6 porcií

V Parme si možno nedáte predjedlo alebo hlavné jedlo, ale nikdy nechcete nechať ujsť rizoto alebo cestoviny; sú stále neuveriteľne dobré. Toto je moja verzia rizota, ktoré som jedol pred niekoľkými rokmi v La Filoma, vynikajúcej trattorii.

Keď som toto rizoto robil prvýkrát, mal som po ruke tubu pasty z bielej hľuzovky a trochu som pridal ku koncu varenia. Chuť bola senzačná. Skúste to, ak nájdete hľuzovkovú pastu.

4 šálky <u>Kurací vývar</u>

4 šálky karfiolu, nakrájaného na 1/2-palcové ružičky

1 strúčik cesnaku, nasekaný nadrobno

1 1/2 šálky mlieka

Špinavý

4 lyžice nesoleného masla

1 1/4 šálky jemne nakrájanej cibule

2 šálky strednej ryže, ako je Arborio, Carnaroli alebo Vialone Nano

čerstvo mleté čierne korenie

3/4 šálky čerstvo nastrúhaného Parmigiano-Reggiano

1. V prípade potreby pripravte vývar. Na strednom ohni priveďte vývar do varu a znížte oheň, aby bol vývar horúci. Zmiešajte karfiol, cesnak, mlieko a štipku soli v strednom hrnci. Priviesť do varu. Varte, kým sa väčšina tekutiny neodparí a karfiol nezmäkne, asi 10 minút. Udržujte veľmi nízky oheň a zmes občas premiešajte, aby sa nepripálila.

dva. Vo veľkom a ťažkom hrnci zohrejte na strednom ohni olej s 2 lyžicami masla. Keď je maslo rozpustené, pridajte cibuľu a za občasného miešania varte, kým cibuľa nie je veľmi mäkká a zlatá, asi 10 minút.

3. Pridajte ryžu a varte za miešania drevenou vareškou, kým sa nezahreje, asi 2 minúty. Zalejeme asi 1/2 šálkou vývaru. Varte a miešajte, kým sa väčšina tekutiny nevstrebe.

štyri. Pokračujte v pridávaní vývaru po 1/2 šálke za stáleho miešania, kým sa nevstrebe. Teplotu upravte tak, aby sa tekutina rýchlo uvarila, ale ryža sa neprilepila na panvicu. V polovici varenia pridajte soľ a korenie.

5. Keď je ryža takmer uvarená, pridáme karfiolovú zmes. Použite len toľko vývaru, koľko potrebujete, kým nebude ryža mäkká, ale pevná a rizoto krémové. Keď budete mať pocit, že ste pripravení, vyskúšajte fazuľu. Ak nie ste pripravení, skúste test zopakovať približne o minútu. Ak vývar vytečie skôr, ako sa ryža uvarí, použite horúcu vodu. Čas varenia je 18 až 20 minút.

6. Odstráňte panvicu z ohňa a ochutnajte. Pridajte zvyšné 2 lyžice masla a syra. Ihneď podávajte.

citrónové rizoto

Citrónové rizoto

Vyrába 6 porcií

Živá chuť čerstvej citrónovej kôry a šťavy rozžiari toto rizoto, ktoré som mal na Capri. Hoci ho Taliani nerobia často, ja ho rád podávam ako prílohu k vyprážaným mušličkám alebo grilovaným rybám.

5 šálok<u>Kurací vývar</u>

4 lyžice nesoleného masla

1 malá cibuľa, nakrájaná nadrobno

2 šálky strednej ryže, ako je Arborio, Carnaroli alebo Vialone Nano

Soľ a čerstvo mleté čierne korenie

1 polievková lyžica čerstvej citrónovej šťavy

1 čajová lyžička citrónovej kôry

1/2 šálky čerstvo nastrúhaného Parmigiano-Reggiano

1. V prípade potreby pripravte vývar. Na strednom ohni priveďte vývar do varu a znížte oheň, aby bol vývar horúci. Vo veľkom a ťažkom hrnci rozpustite na strednom ohni 2 polievkové lyžice masla. Pridajte cibuľu a za stáleho miešania opekajte asi 10 minút dozlatista.

dva. Pridajte ryžu a miešajte drevenou vareškou, kým sa nezahreje, asi 2 minúty. Pridajte 1/2 šálky horúceho vývaru a miešajte, kým sa tekutina nevstrebe.

3. Pokračujte v pridávaní vývaru 1/2 šálky naraz a po každom pridaní miešajte. Teplotu upravte tak, aby sa tekutina rýchlo uvarila, ale ryža sa neprilepila na panvicu. V polovici varenia pridajte soľ a korenie.

štyri. Použite len toľko vývaru, koľko potrebujete, kým nebude ryža mäkká, ale pevná a rizoto krémové. Keď budete mať pocit, že ste pripravení, vyskúšajte fazuľu. Ak nie ste pripravení, skúste test zopakovať približne o minútu. Ak vývar vytečie skôr, ako sa ryža uvarí, použite horúcu vodu. Čas varenia je 18 až 20 minút.

5. Odstavte panvicu na rizoto z ohňa. Pridajte citrónovú šťavu a kôru, zvyšné 2 lyžice masla a syr. Miešame, kým sa maslo a syr neroztopia a nebudú krémové. Ochutnajte koreniny. Ihneď podávajte.

Špenátové rizoto

Špenátové rizoto

Vyrába 6 porcií

Ak máte čerstvú bazalku, pridajte ju namiesto petržlenovej vňate. Namiesto špenátu môžete použiť aj inú zeleninu, napríklad mangold alebo escarole.

5 šálokKurací vývar

1 libra čerstvého špenátu, umytého a olúpaného

1 1/4 šálky vody

Špinavý

4 lyžice nesoleného masla

1 stredná cibuľa, jemne nakrájaná

2 šálky (asi 1 libra) strednej ryže, ako je Arborio, Carnaroli alebo Vialone Nano

čerstvo mleté čierne korenie

1 1/4 šálky nasekanej čerstvej petržlenovej vňate

1/2 šálky čerstvo nastrúhaného Parmigiano-Reggiano

1. V prípade potreby pripravte vývar. Na strednom ohni priveďte vývar do varu a znížte oheň, aby bol vývar horúci. Zmiešajte špenát, vodu a soľ podľa chuti vo veľkom hrnci. Prikryjeme a privedieme do varu. Varte, kým špenát nezmäkne, asi 3 minúty. Špenát scedíme a jemne vyžmýkame, aby pustil šťavu. Špenát nakrájame nadrobno.

dva. Vo veľkom a ťažkom hrnci zohrejte na strednom ohni 3 lyžice masla. Keď sa maslo rozpustí, pridáme cibuľu a za stáleho miešania opekáme asi 10 minút dozlatista.

3. Pridajte ryžu k cibuli a varte za miešania drevenou vareškou, kým sa nezahreje, asi 2 minúty. Pridajte 1/2 šálky horúceho vývaru a miešajte, kým sa tekutina nevstrebe. Pokračujte v pridávaní vývaru 1/2 šálky naraz a po každom pridaní miešajte. Teplotu upravte tak, aby sa tekutina rýchlo uvarila, ale ryža sa neprilepila na panvicu. V polovici varenia pridajte špenát, soľ a korenie podľa chuti.

štyri. Použite len toľko vývaru, koľko potrebujete, kým nebude ryža mäkká, ale pevná a rizoto krémové. Keď budete mať pocit, že ste pripravení, vyskúšajte fazuľu. Ak nie ste pripravení, skúste test zopakovať približne o minútu. Ak vývar vytečie skôr, ako sa ryža uvarí, použite horúcu vodu. Čas varenia je 18 až 20 minút.

5. Odstavte panvicu na rizoto z ohňa. Pridajte zvyšné maslo a syr. Ihneď podávajte.

zlaté tekvicové rizoto

Oro cuketové rizoto

Recept na 4 až 6 porcií

Na talianskych zeleninových trhoch si kuchári môžu kúpiť veľké kusy tekvice na prípravu rizota. Tekvica má bližšie k sladkej chuti a maslovej textúre talianskych odrôd. Toto rizoto je špecialitou Mantovy v Lombardii.

5 šálok<u>Kurací vývar</u>

4 lyžice nesoleného masla

1/4 šálky jemne nakrájanej šalotky alebo cibule

2 šálky ošúpanej a nakrájanej tekvice (asi 1 libra)

2 šálky strednej ryže, ako je Arborio, Carnaroli alebo Vialone Nano

11/2 šálky suchého bieleho vína

Soľ a čerstvo mleté čierne korenie

1/2 šálky čerstvo nastrúhaného Parmigiano-Reggiano

1. V prípade potreby pripravte vývar. Na strednom ohni priveďte vývar do varu a znížte oheň, aby bol vývar horúci. Vo veľkom a ťažkom hrnci rozpustite na strednom ohni tri polievkové lyžice masla. Pridajte šalotku a za častého miešania varte asi 5 minút do zlatista.

dva. Pridajte tekvicu a 1/2 šálky vývaru. Varíme, kým sa vývar neodparí.

3. Pridajte ryžu a varte za miešania drevenou vareškou, kým sa nezahreje, asi 2 minúty. Pridávajte víno, kým sa neodparí.

štyri. Pridajte 1/2 šálky horúceho vývaru a miešajte, kým sa tekutina nevstrebe. Pokračujte v pridávaní vývaru 1/2 šálky naraz a po každom pridaní miešajte. Teplotu upravte tak, aby sa tekutina rýchlo uvarila, ale ryža sa neprilepila na panvicu. V polovici varenia pridajte soľ a korenie.

5. Použite len toľko vývaru, koľko potrebujete, kým nebude ryža mäkká, ale pevná a rizoto krémové. Keď budete mať pocit, že ste pripravení, vyskúšajte fazuľu. Ak nie ste

pripravení, skúste test zopakovať približne o minútu. Ak vývar vytečie skôr, ako sa ryža uvarí, použite horúcu vodu. Čas varenia je 18 až 20 minút.

6. Odstavte panvicu na rizoto z ohňa. Pridajte zvyšné maslo a syr. Ihneď podávajte.

Benátske rizoto s hráškom

Risi E Bisi

Vyrába 6 porcií

V Benátkach sa toto rizoto konzumuje na oslavu príchodu jari a prvej čerstvej zeleniny sezóny. Benátčania preferujú pomerne husté rizoto, takže ak hľadáte autentickosť, pridajte do hotového rizota ďalšiu lyžicu vývaru alebo vody.

6 šálok<u>Kurací vývar</u>

1 stredne žltá cibuľa, nakrájaná nadrobno

4 polievkové lyžice olivového oleja

2 šálky strednej ryže, ako je Arborio, Carnaroli alebo Vialone Nano

Soľ a čerstvo mleté čierne korenie

2 šálky zeleného hrášku alebo mrazeného hrášku, čiastočne rozmrazeného

2 lyžice jemne nasekanej petržlenovej vňate

1/2 šálky čerstvo nastrúhaného Parmigiano-Reggiano

2 lyžice nesoleného masla

1. V prípade potreby pripravte vývar. Na strednom ohni priveďte vývar do varu a znížte oheň, aby bol vývar horúci. Nalejte olej do veľkého, ťažkého hrnca. Pridajte cibuľu a varte na strednom ohni, kým cibuľa nie je mäkká a zlatá, asi 10 minút.

dva. Pridajte ryžu a varte za miešania drevenou vareškou, kým sa nezahreje, asi 2 minúty. Pridajte asi 1/2 šálky horúceho vývaru a miešajte, kým sa nevstrebe. Pokračujte v pridávaní vývaru 1/2 šálky naraz a po každom pridaní miešajte. Teplotu upravte tak, aby sa tekutina rýchlo uvarila, ale ryža sa neprilepila na panvicu. V polovici varenia pridajte soľ a korenie.

3. Pridajte hrášok a petržlenovú vňať. Pokračujte v pridávaní tekutiny a miešaní. Ryža by mala byť mäkká, ale pri žuvaní pevná a rizoto by malo mať sypkú, mierne hustú konzistenciu. Po vyčerpaní zásob použite horúcu vodu. Čas varenia je 18 až 20 minút.

štyri. Keď je ryža mäkká, ale stále pevná, odstavte panvicu z ohňa. Pridajte syr a maslo a dobre premiešajte. Ihneď podávajte.

Jarné rizoto

Jarné rizoto

Recept na 4 až 6 porcií

Malé kúsky farebnej zeleniny zvýrazňujú toto svieže a pikantné rizoto. Zeleninu pridávame postupne, aby nebola prepečená.

6 šálok zeleninového vývaru alebo vody

3 lyžice nesoleného masla

1 polievková lyžica olivového oleja

1 stredná cibuľa, jemne nakrájaná

1 malá mrkva, nakrájaná na kúsky

1 malý zeler, nakrájaný nadrobno

2 šálky strednej ryže, ako je Arborio, Carnaroli alebo Vialone Nano

1 1/2 šálky čerstvého alebo mrazeného hrášku

1 šálka nakrájaných húb, každá

6 špargle, orezané a nakrájané na 1-palcové kúsky

Soľ a čerstvo mleté čierne korenie

1 veľká paradajka zbavená semienok a nakrájaná na kocky

2 polievkové lyžice jemne nasekanej čerstvej plochej petržlenovej vňate

½ šálky čerstvo nastrúhaného Parmigiano-Reggiano

1. V prípade potreby pripravte vývar. Na strednom ohni priveďte vývar do varu a znížte oheň, aby bol vývar horúci. Vo veľkom a ťažkom hrnci zmiešajte na strednom ohni 2 lyžice masla a oleja. Keď sa maslo rozpustí, pridáme cibuľu a opekáme asi 10 minút dozlatista.

dva. Pridajte mrkvu a zeler a varte 2 minúty. Miešame, kým nie je ryža dobre obalená.

3. Pridáme 1/2 šálky vývaru a varíme za stáleho miešania drevenou vareškou, kým sa tekutina nevsiakne. Pokračujte v pridávaní vývaru po 1/2 šálky, pričom po každom pridaní miešajte 10 minút. Teplotu upravte tak, aby sa tekutina rýchlo uvarila, ale ryža sa neprilepila na panvicu.

štyri. Pridajte hrášok, huby a polovicu špargle. Pridajte soľ a korenie podľa chuti. Pokračujte v pridávaní vývaru a miešajte ďalších 10 minút. Pridajte špargľu a zvyšné paradajky. Pridajte vývar a miešajte, kým ryža nie je pevná, ale al dente a rizoto krémové. Keď budete mať pocit, že ste pripravení, vyskúšajte fazuľu. Ak nie ste pripravení, skúste test zopakovať približne o minútu.

5. Odstavte panvicu na rizoto z ohňa. Ochutnajte koreniny. Pridajte petržlenovú vňať a zvyšné maslo. Pridajte syr. Ihneď podávajte.

Rizoto s paradajkami a fontina

Rizoto s Pomodori a Fontina

Vyrába 6 porcií

Originál Fontina Valle d'Aosta má výrazne orieškovú, ovocnú a zemitú chuť na rozdiel od fontiny vyrábanej inde. Toto rizoto zo severozápadu Talianska sa oplatí vyskúšať. Toto jedlo sa dobre spája s kvetinovým bielym vínom ako Arneis zo susedného regiónu Piemont.

5 šálok<u>Kurací vývar</u>

3 lyžice nesoleného masla

1 stredná cibuľa, jemne nakrájaná

1 šálka ošúpaných, vykôstkovaných a nakrájaných paradajok

2 šálky strednej ryže, ako je Arborio, Carnaroli alebo Vialone Nano

1 1/2 šálky suchého bieleho vína

Soľ a čerstvo mleté čierne korenie

4 unce Fontina Valle d'Aosta, strúhaná

1/2 šálky čerstvo nastrúhaného Parmigiano-Reggiano

1.V prípade potreby pripravte vývar. Na strednom ohni priveďte vývar do varu a znížte oheň, aby bol vývar horúci. Maslo rozpustite vo veľkom a ťažkom hrnci na strednom ohni. Pridajte cibuľu a za občasného miešania varte, kým cibuľa nezmäkne a nezozlatne, asi 10 minút.

dva. Pridajte paradajky. Varte, kým sa väčšina tekutiny neodparí, asi 10 minút.

3.Pridajte ryžu a varte za miešania drevenou vareškou, kým sa nezahreje, asi 2 minúty. Ryžu zalejeme vínom a 1/2 šálky vývaru. Varte a miešajte, kým sa väčšina tekutiny nevstrebe.

štyri. Pokračujte v pridávaní vývaru asi 1/2 šálky naraz a miešajte po každom pridaní. Teplotu upravte tak, aby sa tekutina rýchlo uvarila, ale ryža sa neprilepila na panvicu. V polovici varenia pridajte soľ a korenie.

5. Použite len toľko vývaru, koľko potrebujete, kým nebude ryža mäkká, ale pevná a rizoto krémové. Keď budete mať pocit, že ste pripravení, vyskúšajte fazuľu. Ak nie ste pripravení, skúste test zopakovať približne o minútu. Ak vývar vytečie skôr, ako sa ryža uvarí, použite horúcu vodu. Čas varenia je 18 až 20 minút.

6. Odstavte panvicu na rizoto z ohňa. Pridajte syr. Ochutnajte koreniny. Ihneď podávajte.

Rizoto s krevetami a zelerom

Rizoto s Gamberi a Sedano

Vyrába 6 porcií

Mnohé talianske recepty sú ochutené soffrittom, kombináciou oleja alebo masla, alebo niekedy oboje, a chutnou zeleninou, ako je cibuľa, zeler, mrkva, cesnak a niekedy aj bylinky. Sušené bravčové mäso alebo pancetta sa niekedy pridáva do soffritta, aby získalo mäsovú chuť.

Ako väčšina talianskych kuchárov, ktorých poznám, radšej hodím všetky ingrediencie na soffritto do hrnca naraz, potom zapnem oheň, aby sa všetko prehrialo a varím jemne, aby som mohol lepšie sledovať výsledky. Soffritto často premiešavam a niekedy varím, kým zelenina nezmäkne pre jemnú chuť alebo kým nezhnedne pre väčšiu hĺbku. Namiesto toho, ak najprv zohrejete olej alebo maslo, tuk sa môže zohriať, ak je panvica tenká, teplota je príliš vysoká alebo vás rozptyľuje. Keď sa pridajú iné príchute soffritta, hnednú príliš rýchlo a nerovnomerne.

Soffritto v tomto recepte Emilia-Romagna pozostáva z dvoch krokov. Začnite len s olivovým olejom a cibuľou, pretože chcem, aby cibuľa preniesla svoju chuť do oleja a trochu vybledla ku dnu. Druhým krokom je uvarenie zeleru, petržlenu a cesnaku tak, aby zeler zostal jemne chrumkavý, no stále uvoľnil svoju chuť a vytvoril novú vrstvu chuti s petržlenovou vňaťou a cesnakom.

Ak si kúpite krevety v škrupine, uložte si ich, aby ste si pripravili chutný vývar z kreviet. Ak sa ponáhľate, môžete si kúpiť lúpané krevety a použiť len kurací alebo rybí vývar, prípadne aj vodu.

6 domácich pohárov<u>Kurací vývar</u>alebo rybí vývar z obchodu

1 libra stredných kreviet

1 malá cibuľa, nakrájaná nadrobno

2 polievkové lyžice olivového oleja

1 šálka nasekaného zeleru

2 strúčiky cesnaku nakrájané nadrobno

2 lyžice nasekanej čerstvej petržlenovej vňate

2 šálky strednej ryže, ako je Arborio, Carnaroli alebo Vialone Nano

Soľ a čerstvo mleté čierne korenie podľa chuti.

1 lyžica nesoleného masla alebo extra panenského olivového oleja

1. V prípade potreby pripravte vývar. Ďalej ošúpte a očistite krevety, ale škrupiny si ponechajte. Krevety nakrájajte na 1/2-palcové kúsky a odložte. Vložte mušle do veľkého hrnca s vývarom. Priveďte do varu a varte 10 minút. Vývar precedíme a škrupiny vyhodíme. Nalejte vývar späť do hrnca a umiestnite na veľmi mierny oheň.

dva. Vo veľkom a ťažkom hrnci opečte na oleji na miernom ohni za častého miešania cibuľu asi 5 minút. Pridajte zeler, cesnak a petržlenovú vňať a varte ďalších 5 minút.

3. Pridajte ryžu k zelenine a dobre premiešajte. Pridajte 1/2 šálky vývaru a varte, miešajte, kým sa tekutina nevstrebe. Pokračujte v pridávaní vývaru 1/2 šálky naraz a po každom pridaní miešajte. Teplotu upravte tak, aby sa tekutina rýchlo uvarila, ale ryža sa neprilepila na panvicu.

štyri. Keď je ryža takmer uvarená, pridajte krevety a dochuťte soľou a korením podľa chuti. Použite len toľko vývaru, koľko potrebujete, kým nebude ryža mäkká, ale pevná a rizoto vlhké a krémové. Keď budete mať pocit, že ste pripravení, vyskúšajte fazuľu. Ak nie ste pripravení, skúste test zopakovať približne o minútu. Ak vývar vytečie skôr, ako sa ryža uvarí, použite horúcu vodu. Čas varenia je 18 až 20 minút.

5.Rizoto odstavíme z ohňa. Pridajte maslo alebo olej a miešajte, kým sa nespojí. Ihneď podávajte.

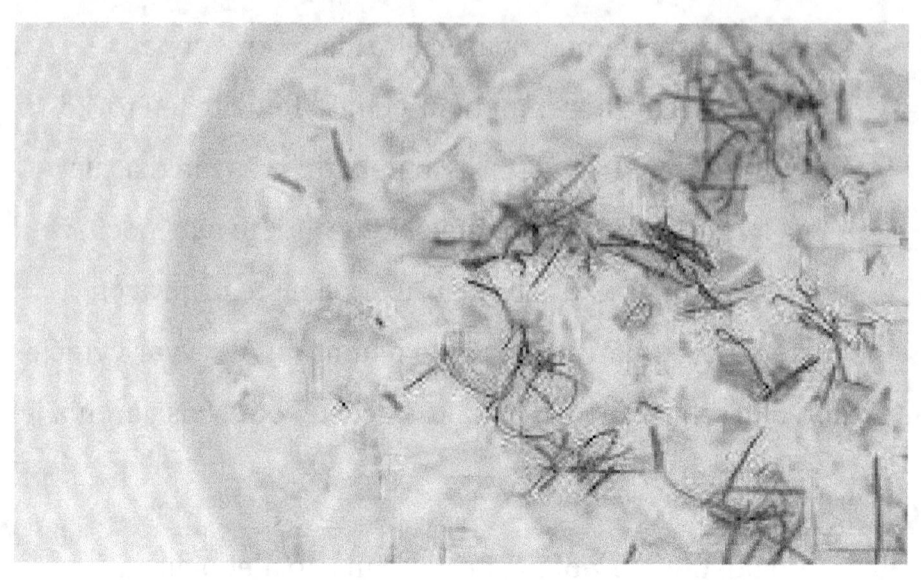

Rizoto z morských plodov

Rizoto s Frutti di Mare

Recept na 4 až 6 porcií

Do tohto rizota môžete pridať malé mušle alebo mušle alebo dokonca kúsky tvrdých rýb, ako je tuniak. Kuchári z Veneta, odkiaľ tento recept pochádza, preferujú ryžu Vialone Nano.

6 šálok<u>Kurací vývar</u>alebo voda

6 lyžíc olivového oleja

2 lyžice nasekanej čerstvej petržlenovej vňate

2 veľké strúčiky cesnaku, nasekané

1/2 libry kalamáre (kalamáre), nakrájané na 1/2-palcové krúžky a chápadlá rozrezané na polovicu zospodu (pozri<u>Čistiaca chobotnica (chobotnica)</u>)

$1$1/4 libry kreviet, olúpané a vypitvané a nakrájané na 1/2 palcové kúsky

1/4 libry hrebenatky, nakrájané na 1 palcové kúsky

Špinavý

štipka mletej červenej papriky

1 stredná cibuľa, jemne nakrájaná

2 šálky strednej ryže, ako je Arborio, Carnaroli alebo Vialone Nano

1 1/2 šálky suchého bieleho vína

1 šálka ošúpaných, vykôstkovaných a nakrájaných paradajok

1. V prípade potreby pripravte vývar. Nalejte 3 polievkové lyžice oleja s cesnakom a petržlenovou vňaťou do veľkého a ťažkého hrnca. Varte na miernom ohni za občasného miešania, kým cesnak nezmäkne a nezozlatne, asi 2 minúty. Pridajte všetky mäkkýše, soľ podľa chuti a červenú papriku a varte za stáleho miešania, kým chobotnica nebude matná, asi 5 minút.

dva. Umiestnite mäkkýše na tanier pomocou štrbinovej lyžice. Pridajte kurací vývar do panvice a priveďte do varu. Kým sa rizoto varí, vývar udržiavajte na veľmi miernom ohni.

3. Vo veľkom a ťažkom hrnci na strednom ohni orestujte cibuľu na zvyšných 3 lyžiciach oleja do zlatista, asi 10 minút.

štyri. Pridajte ryžu a varte za miešania drevenou vareškou, kým sa nezahreje, asi 2 minúty. Pridajte víno. Varte, kým sa väčšina tekutiny nevstrebe. Pridajte 1/2 šálky horúceho vývaru a miešajte, kým sa tekutina nevstrebe. Pokračujte v pridávaní vývaru 1/2 šálky naraz a po každom pridaní miešajte. Teplotu upravte tak, aby sa tekutina rýchlo uvarila, ale ryža sa neprilepila na panvicu. V polovici varenia pridajte paradajky a soľ podľa chuti.

5. Použite len toľko vývaru, koľko potrebujete, kým nebude ryža mäkká, ale pevná a rizoto krémové. Keď budete mať pocit, že ste pripravení, vyskúšajte fazuľu. Ak nie ste pripravení, skúste test zopakovať približne o minútu. Ak vývar vytečie skôr, ako sa ryža uvarí, použite horúcu vodu. Čas varenia je 18 až 20 minút.

6. Pridajte mäkkýše do panvice a varte ešte 1 minútu. Odstavte panvicu na rizoto z ohňa. Ihneď podávajte.

Pečené jahňacie stehno so zemiakmi, cesnakom a rozmarínom

Agnello al Forno

Vyrába 6 porcií

Taliani by túto jahňacinu podávali dobre prepečenú, ale podľa mňa chutí najlepšie, keď je stredne vzácne, čo je na teplomere s okamžitým odčítaním asi 130 °F. Po upečení necháme jahňacinu odpočívať, aby mala šťava možnosť tiecť do stredu mäsa.

6 univerzálnych zemiakov, ošúpaných a nakrájaných na 1-palcové kúsky

3 polievkové lyžice olivového oleja

Soľ a čerstvo mleté čierne korenie

1 orezané jahňacie stehno s kosťou (asi 5 1/2 lb)

6 strúčikov cesnaku, nakrájaných nadrobno

2 lyžice nasekaného čerstvého rozmarínu

1. Umiestnite gril do stredu rúry. Predhrejte rúru na 350 ° F. Umiestnite zemiaky do pekáča, ktorý je dostatočne veľký na to, aby držal mäso a zemiaky bez toho, aby ste ich preplnili. Pokvapkáme olejom, soľou a korením podľa chuti.

dva. Malým nožom urobte na jahňacom plytké rezy. Do zárezov napichnite trochu cesnaku a rozmarínu, časť si nechajte na zemiaky. Mäso bohato posypte soľou a korením. Zemiaky oddelíme a pridáme mäso tučnou stranou nahor.

3. Vložte plech na pečenie do rúry a pečte 30 minút. Otočte zemiaky. Grilujte ďalších 30 až 45 minút, alebo kým vnútorná teplota nedosiahne 130 °F na teplomere s okamžitým odčítaním vloženým do najhrubšej časti mäsa, ďaleko od kosti. Vyberte misku z rúry a položte jahňacinu na reznú dosku. Mäso prikryjeme alobalom. Pred krájaním necháme aspoň 15 minút odpočívať.

štyri. Skontrolujte, či sú zemiaky uvarené tak, že ich popicháte ostrým nožom. Ak potrebujú variť viac, znížte teplotu rúry na 400 °F, vráťte panvicu do rúry a pečte, kým nezmäknú.

5.Jahňacie mäso naporcujeme a podávame horúce so zemiakmi.

Jahňacie stehno s citrónom, bylinkami a cesnakom

Agnello Steccato

Vyrába 6 porcií

Bazalka, mäta, cesnak a citrón s príchuťou tohto pečeného jahňacieho mäsa. Akonáhle je v rúre, nie je veľa práce. Je to ideálne jedlo na raňajky alebo nedeľný obed. Ak chcete, pridajte do panvice zemiaky, mrkvu, repu alebo inú koreňovú zeleninu.

1 jahňacie stehno, jemne nakrájané (asi 3 libry)

2 strúčiky cesnaku

2 lyžice nasekanej čerstvej bazalky

1 lyžica nasekanej čerstvej mäty

1/4 šálky čerstvo nastrúhaného Pecorino Romano alebo Parmigiano-Reggiano

1 čajová lyžička citrónovej kôry

1 1/2 čajovej lyžičky sušeného oregana

Soľ a čerstvo mleté čierne korenie

2 polievkové lyžice olivového oleja

1. Umiestnite gril do stredu rúry. Predhrejte rúru na 425 ° F.

dva. Cesnak, bazalku a mätu nasekáme nadrobno. V malej miske zmiešajte zmes so syrom, citrónovou kôrou a oreganom. Pridajte 1 lyžičku soli a čerstvo mleté korenie podľa chuti. Pomocou malého noža urobte rezy do mäsa asi 3/4 palca hlboké. Do každej jamky vložte trochu zmesi korenia. Mäso potrieme olejom. Pečieme 15 minút.

3. Znížte teplotu na 350 °F. Grilujte ešte 1 hodinu alebo kým mäso nebude stredne vzácne a vnútorná teplota nedosiahne 130 °F na teplomere s okamžitým odčítaním vloženým do najhrubšej časti, ale nedotýkajúceho sa kosti.

štyri. Vyberte jahňacinu z rúry a položte ju na reznú dosku. Jahňacie mäso prikryte fóliou a pred vyrezávaním nechajte 15 minút odpočívať. Podávajte horúce.

Cuketa plnená pomaly pečenou jahňacinou

Zrelá cuketa

Vyrába 6 porcií

Jahňacie stehno nasýti dav ľudí, no mne často zostane po malej večeri. Ďalej robím tieto vynikajúce plnené cukety. Iné varené mäso a dokonca aj hydina môžu byť nahradené.

2 až 3 plátky (1/2 palca hrubé) talianskeho chleba

1 1/4 šálky mlieka

1 libra vareného jahňacieho mäsa

2 veľké vajcia

2 lyžice nasekanej čerstvej petržlenovej vňate

2 strúčiky cesnaku nakrájané nadrobno

1/2 šálky čerstvo nastrúhaného Pecorino Romano alebo Parmigiano-Reggiano

Soľ a čerstvo mleté čierne korenie

6 stredných cukiet, umytých a nakrájaných na plátky

2 šálky paradajkovej omáčky, naprMarinara omáčka

1.Umiestnite gril do stredu rúry. Predhrejte rúru na 425 ° F. Vymastite 13 × 9 × 2-palcový plech na pečenie.

dva. Odstráňte kôrku z chleba a nakrájajte chlieb na kúsky. (Mali by ste mať asi 1 šálku.) Vložte kúsky do strednej misy, zalejte mliekom a nechajte nasiaknuť.

3.Mäso nasekáme v kuchynskom robote nadrobno. Preložíme do veľkej misy. Pridajte vajcia, petržlenovú vňať, cesnak, namočený chlieb, 1/4 šálky syra, soľ a korenie podľa chuti. Dobre premiešajte.

štyri. Cuketu prekrojíme pozdĺžne na polovicu. Vyprázdnite semená. Naplňte cuketu mäsovou zmesou. Vložte cuketu vedľa seba do panvice. Zalejeme omáčkou a posypeme zvyšným syrom.

5.Pečte 35 až 40 minút alebo kým plnka nestuhne a cuketa nezmäkne. Podávajte horúce alebo pri izbovej teplote.

Králik s bielym vínom a bylinkami

Biele víno coniglio

Vyrába 4 porcie

Toto je základný recept na ligúrskeho králika, ktorý môžete obmieňať pridaním čiernych alebo zelených olív alebo iných byliniek. Kuchári v tejto oblasti pripravujú králika rôznymi spôsobmi, vrátane píniových orieškov, húb alebo artičokov.

1 králik (2 1/2 až 3 libry), nakrájaný na 8 kusov

Soľ a čerstvo mleté čierne korenie

3 polievkové lyžice olivového oleja

1 malá cibuľa, nakrájaná nadrobno

1 1/2 šálky jemne nakrájanej mrkvy

1 1/2 šálky nasekaného zeleru

1 polievková lyžica nasekaných čerstvých listov rozmarínu

1 lyžička nasekaného čerstvého tymiánu

1 bobkový list

1 1/2 šálky suchého bieleho vína

1 šálka kuracieho vývaru

1. Kúsky králika opláchneme a osušíme savým papierom. Dochutíme soľou a korením.

dva. Vo veľkej panvici zohrejte olej na strednom ohni. Pridajte králika a opečte zo všetkých strán, asi 15 minút.

3. Cibuľu, mrkvu, zeler a korenie rozotrite okolo kúskov králika a varte, kým cibuľa nezmäkne, asi 5 minút.

štyri. Pridajte víno a priveďte do varu. Varte, kým sa väčšina tekutiny neodparí, asi 2 minúty. Pridajte vývar a priveďte do varu. Znížte teplo na minimum. Hrniec prikryte a varte za občasného otáčania králika kliešťami, kým nebude uvarený po prepichnutí vidličkou, asi 30 minút.

5. Položte králika na tanier. Prikryte a udržujte v teple. Zvýšte teplotu a varte obsah panvice, kým sa nezredukuje a nezhustne, asi 2 minúty. Bobkový list zlikvidujte.

6. Obsah panvice nalejte na králika a ihneď podávajte.

králik s olivami

Coniglio všetky stimperata

Vyrába 4 porcie

Červená paprika, zelené olivy a kapary dodávajú tomuto jedlu zo sicílskeho králika pikantnosť. Termín alla stimperata je aplikovaný na niekoľko sicílskych receptov, hoci jeho význam je nejasný. Môže byť odvodené od stemperare, čo znamená „rozpustiť, riediť alebo miešať"' a vzťahuje sa na pridávanie vody do hrnca pri varení králika.

1 králik (2 1/2 až 3 libry), nakrájaný na 8 kusov

1 1/4 šálky olivového oleja

3 strúčiky cesnaku nakrájané nadrobno

1 šálka zelených olív bez kôstok, opláchnuté a vysušené

2 červené papriky, nakrájané na tenké plátky

1 lyžica kapary, opláchnuté

štipka oregana

Soľ a čerstvo mleté čierne korenie

2 polievkové lyžice bieleho vínneho octu

1 1/2 šálky vody

1. Kúsky králika opláchneme a osušíme savým papierom.

dva. Vo veľkej panvici zohrejte olej na strednom ohni. Pridajte králika a varte, kým pekne nezhnedne zo všetkých strán, asi 15 minút. Poukladajte kúsky králika na tanier.

3. Pridajte cesnak na panvicu a varte 1 minútu. Pridajte olivy, korenie, kapary a oregano. Varte za stáleho miešania 2 minúty.

štyri. Vráťte králika do panvice. Dochutíme soľou a korením. Pridajte ocot a vodu a priveďte do varu. Znížte teplo na minimum. Zakryte a varte, za občasného otáčania králika, kým nebude uvarený po prepichnutí vidličkou, asi 30 minút. Keď sa kvapalina odparí, pridajte trochu vody. Preložíme do misy a podávame horúce.

Králik Porchetta

Coniglio v Porchette

Vyrába 4 porcie

Kombinácia korenia, ktorá sa používa na varenie pečeného bravčového mäsa, je taká lahodná, že ju kuchári prispôsobili aj iným mäsám, ktoré sú na varenie pohodlnejšie. Divoký fenikel sa používa v regióne Marche, ale možno ho nahradiť sušenými feniklovými semienkami.

1 králik (2 1/2 až 3 libry), nakrájaný na 8 kusov

Soľ a čerstvo mleté čierne korenie

2 polievkové lyžice olivového oleja

2 unce pancetty

3 strúčiky cesnaku nakrájané nadrobno

2 lyžice nasekaného čerstvého rozmarínu

1 polievková lyžica semien feniklu

2 alebo 3 lístky šalvie

1 bobkový list

1 pohár suchého bieleho vína

1 1/2 šálky vody

1. Kúsky králika opláchneme a osušíme savým papierom. Dochutíme soľou a korením.

dva. Olej zohrejte na strednom ohni v panvici dostatočne veľkej na to, aby sa do nej zmestili kúsky králika v jednej vrstve. Položte kúsky na misku. Slaninu rozložíme po celej ploche. Varte, kým králik z jednej strany nezhnedne, asi 8 minút.

3. Králika otočte a zo všetkých strán posypte cesnakom, rozmarínom, feniklom, šalviou a bobkovým listom. Keď je králik z druhej strany opečený, asi po 7 minútach pridajte víno a premiešajte, pričom poškrabte dno panvice. Víno povaríme 1 minútu.

štyri. Varte odkryté za občasného otáčania mäsa, kým králik nezmäkne a neodpadne od kosti, asi 30 minút. (Ak je panvica príliš suchá, pridajte trochu vody.)

5. Bobkový list zlikvidujte. Položte králika na tanier a podávajte horúce s varenou šťavou.

Králik s paradajkami

Coniglio alla Ciociara

Vyrába 4 porcie

V regióne Ciociara pri Ríme, ktorý je známy svojou vynikajúcou kuchyňou, sa králik varí v omáčke z paradajok a bieleho vína.

1 králik (2 1/2 až 3 libry), nakrájaný na 8 kusov

2 polievkové lyžice olivového oleja

2 unce pancetty, nahrubo nasekané a jemne nasekané

2 lyžice nasekanej čerstvej petržlenovej vňate

1 strúčik cesnaku, jemne rozdrvený

Soľ a čerstvo mleté čierne korenie

1 pohár suchého bieleho vína

2 šálky slivkových paradajok, olúpaných, zbavených kôstok a nakrájaných na plátky

1. Kúsky králika opláchneme a osušíme savým papierom. Vo veľkej panvici zohrejte olej na strednom ohni. Vložte králika do panvice a pridajte pancettu, petržlenovú vňať a cesnak. Varíme, kým králik pekne nezhnedne zo všetkých strán, asi 15 minút. Dochutíme soľou a korením.

dva. Odstráňte cesnak z panvice a vyhoďte ho. Pridajte víno a varte 1 minútu.

3. Znížte teplo na minimum. Pridajte paradajky a varte, kým králik nezmäkne a neodpadne od kosti, asi 30 minút.

štyri. Položte králika na misku a podávajte horúce s omáčkou.

Pomaly varený sladkokyslý králik

Coniglio v Agrodolciach

Vyrába 4 porcie

Sicílčania sú známi svojimi sladkosťami, čo je dedičstvo maurskej nadvlády na ostrove, ktorá trvala najmenej dvesto rokov. Hrozienka, cukor a ocot dodávajú tomuto králikovi jemne sladkokyslú chuť.

1 králik (2 1/2 až 3 libry), nakrájaný na 8 kusov

2 polievkové lyžice olivového oleja

2 unce nahrubo nasekanej pancetty, nasekané

1 stredná cibuľa, jemne nakrájaná

Soľ a čerstvo mleté čierne korenie

1 pohár suchého bieleho vína

2 celé klinčeky

1 bobkový list

1 šálka hovädzieho alebo kuracieho vývaru

1 polievková lyžica cukru

1 1/4 šálky bieleho vínneho octu

2 polievkové lyžice hrozienok

2 polievkové lyžice píniových orieškov

2 lyžice nasekanej čerstvej petržlenovej vňate

1. Kúsky králika opláchneme a osušíme savým papierom. Ohrievajte olej a pancettu vo veľkej panvici na strednom ohni 5 minút. Pridajte králika a opekajte na jednej strane, kým nezhnedne, asi 8 minút. Kúsky králika otočte kliešťami a rozdeľte cibuľu dookola. Dochutíme soľou a korením.

dva. Pridajte víno, klinčeky a bobkový list. Tekutinu priveďte do varu a varte, kým sa väčšina vína neodparí, asi 2 minúty. Pridajte vývar a panvicu prikryte. Znížte teplotu na minimum a varte, kým králik nezmäkne, 30 až 45 minút.

3. Poukladajte kúsky králika na tanier. (Ak zostane veľa tekutiny, varte na vysokej teplote, kým sa nezredukuje.)

Pridajte cukor, ocot, hrozienka a píniové oriešky. Miešame, kým sa cukor nerozpustí, asi 1 minútu.

štyri. Vráťte králika do panvice a varte, pričom kúsky v omáčke otočte, kým sa dobre nepotiahne, asi 5 minút. Pridajte petržlenovú vňať a podávajte horúce so šťavou z varenia.

Pečený králik so zemiakmi

Coniglio Arrosto

Vyrába 4 porcie

V dome mojej priateľky Dory Marzovillovej sa nedeľný obed alebo špeciálne jedlo často začína so všetkými druhmi chrumkavej a jemnej pečenej zeleniny, ako sú artičokové srdiečka alebo špargľa, po ktorých nasleduje dusené orecchiette alebo domáce cavatelli s lahodným gulášom z malých mäsových guľôčok. Dora z Rutigliana v Apúlii je vynikajúca kuchárka a králičie jedlo, ktoré podáva ako hlavné jedlo, je jednou z jej špecialít.

1 králik (2 1/2 až 3 libry), nakrájaný na 8 kusov

1 1/4 šálky olivového oleja

1 stredná cibuľa, jemne nakrájaná

2 lyžice nasekanej čerstvej petržlenovej vňate

1/2 šálky suchého vína

Soľ a čerstvo mleté čierne korenie

4 stredné univerzálne zemiaky, ošúpané a nakrájané na 1-palcové kolieska

1 1/2 šálky vody

1 1/2 lyžičky oregano

1. Kúsky králika opláchneme a osušíme savým papierom. Zohrejte dve polievkové lyžice oleja vo veľkej panvici na strednom ohni. Pridajte králika, cibuľu a petržlenovú vňať. Varte za občasného obracania kúskov, kým jemne nezhnednú, asi 15 minút. Pridajte víno a varte ďalších 5 minút. Dochutíme soľou a korením.

dva. Umiestnite gril do stredu rúry. Predhrejte rúru na 425 ° F. Vymastite panvicu na pečenie dostatočne veľkú, aby sa do nej zmestili všetky ingrediencie v jednej vrstve.

3. Zemiaky rozložíme na panvicu a premiešame so zvyšnými 2 lyžicami oleja. Pridajte obsah panvice do panvice a kúsky králika obalte okolo zemiakov. Pridajte vodu. Posypeme oreganom a dochutíme soľou a korením. Nádobu prikryte

fóliou. Pečieme 30 minút. Prikryte a varte ďalších 20 minút, alebo kým zemiaky nezmäknú.

štyri. Presuňte do servírovacej misy. Podávajte horúce.

marinované artičoky

Carcifi Marinati

Recept na 6 až 8 porcií

Tieto artičoky sú výborné do šalátov, k údeninám alebo ako súčasť sortimentu predkrmov. Artičoky vydržia v chladničke minimálne dva týždne.

Ak nemáte mladé artičoky, nahraďte ich strednými artičokmi, nakrájanými na osem klinov.

1 šálka bieleho vínneho octu

2 poháre vody

1 bobkový list

1 celý strúčik cesnaku

8 až 12 mladých artičokov nakrájaných na plátky a štvrtky (pozriCelé artičoky uvaríme)

štipka mletej červenej papriky

Špinavý

extra panenský olivový olej

1. Vo veľkom hrnci zmiešajte ocot, vodu, bobkový list a cesnak. Tekutinu priveďte do varu.

dva. Pridajte artičoky, mletú červenú papriku a soľ podľa chuti. Varte do mäkka, keď ho prepichnete nožom, 7 až 10 minút. Odstráňte z ohňa. Obsah hrnca prelejte cez jemné sitko do misky. Zostaňte tekutí.

3. Artičoky zabaľte do sterilizovaných sklenených pohárov. Nalejte varnú tekutinu tak, aby bola zakrytá. Úplne vychladnúť. Zakryte a dajte do chladničky aspoň na 24 hodín alebo až 2 týždne.

štyri. Pred podávaním artičoky sceďte a pokvapkajte olejom.

Rímske artičoky

Carciofi alla Romana

Vyrába 8 porcií

Rímske malé farmy produkujú na jar a na jeseň veľa čerstvých artičokov. Malé kamióny ich odvážajú na miestne trhy, kde sa predávajú priamo zo zadnej časti kamiónu. Artičoky majú dlhé stonky a listy sú stále pripevnené, pretože stonky sú po olúpaní jedlé. Rimania varili artičoky so stopkou nahor. Na servírovacom tanieri vyzerajú veľmi atraktívne.

2 veľké strúčiky cesnaku, nasekané

2 lyžice nasekanej čerstvej petržlenovej vňate

1 lyžica nasekanej čerstvej mäty alebo 1/2 lyžičky sušenej majoránky

Soľ a čerstvo mleté čierne korenie

1 1/4 šálky olivového oleja

8 stredných artičokov pripravených na plnenie (viďCelé artičoky uvaríme)

1 1/2 šálky suchého bieleho vína

1. V malej miske zmiešajte cesnak, petržlenovú vňať a mätu alebo majoránku. Pridajte soľ a korenie podľa chuti. Pridajte 1 polievkovú lyžicu oleja.

dva. Opatrne oddeľte listy od artičokov a pridajte trochu cesnakovej zmesi. Jemne stlačte artičoky, aby sa zmestili do plnky, vložte ich stonkou nahor do hrnca dostatočne veľkého, aby stáli vzpriamene. Okolo artičokov nalejte víno. Pridajte vodu do hĺbky 3/4 palca. Artičoky pokvapkáme zvyšným olejom.

3. Hrniec prikryjeme a na strednom ohni privedieme tekutinu do varu. Varte 45 minút, alebo kým artičoky po prepichnutí nožom nezmäknú. Podávajte horúce alebo pri izbovej teplote.

varené artičoky

Carciofi Stufati

Vyrába 8 porcií

Artičoky patria do čeľade bodliakov a rastú na krátkych trsnatých rastlinách. Rastú divo na mnohých miestach v južnom Taliansku a veľa ľudí ich pestuje vo vlastných záhradách. Artičok je vlastne neotvorený kvet. Veľmi veľké artičoky rastú na vrchole kríka, zatiaľ čo menšie rastú na základni. Malé artičoky, často nazývané baby artičoky, sú ideálne na dusenie. Pripravte ich na varenie ako väčší artičok. Textúra a sladká chuť masla sú obzvlášť dobré s rybami.

1 malá cibuľa, nakrájaná nadrobno

1 1/4 šálky olivového oleja

1 strúčik cesnaku, nasekaný nadrobno

2 lyžice nasekanej čerstvej petržlenovej vňate

dieťa 2 kiláartičoky, orezané a nakrájané na štvrtiny

1 1/2 šálky vody

Soľ a čerstvo mleté čierne korenie

1. Vo väčšom hrnci na oleji orestujte cibuľu na miernom ohni, kým nezmäkne, asi 10 minút. Pridajte cesnak a petržlen.

dva. Pridajte artičoky do panvice a dobre premiešajte. Pridajte vodu a soľ a korenie podľa chuti. Prikryjeme a dusíme, kým artičoky po prepichnutí nožom nezmäknú, asi 15 minút. Podávajte horúce alebo pri izbovej teplote.

Zmeniť: V kroku 2 pridajte 3 stredné zemiaky, olúpané a nakrájané na 1-palcové kocky spolu s cibuľou.

židovské artičoky

Carciofi alla Giudia

Vyrába 4 porcie

Židia prvýkrát prišli do Ríma v 1. storočí pred Kristom. Usadili sa neďaleko Tiberu a v roku 1556 ich pápež Pavol IV. uväznil v opevnenom gete. Mnohí boli chudobní a žili z jednoduchých, lacných potravín ako treska, cuketa a artičoky. V čase, keď v polovici 19. storočia padli múry geta, si rímski Židia vyvinuli vlastný štýl varenia, ktorý neskôr prevzali aj iní Rimania. Dnes sa židovské jedlá ako vyprážané plnené cuketové kvety,Krupicové halušky, a tieto artičoky sú považované za rímsku klasiku.

Židovská štvrť v Ríme stále existuje a je tu množstvo dobrých reštaurácií, kde si môžete vychutnať tento štýl kuchyne. V Piperno a Da Giggetto, dvoch obľúbených trattoriách, sa tieto vyprážané artičoky podávajú horúce s množstvom soli. Listy sú chrumkavé ako čipsy. Artičoky pri varení prskajú, preto sa držte ďalej od sporáka a chráňte si ruky.

4 v priemereartičokypripravené ako na plnku

olivový olej

Špinavý

1.Osušte artičoky. Položte artičok hore dnom na rovný povrch. Rukou stlačte artičok, aby ste ho sploštili a oddelili listy. Opakujte so zvyšnými artičokmi. Otočte ich tak, aby konce listov smerovali nahor.

dva. Vo veľkej, hlbokej panvici alebo v širokom a ťažkom hrnci zohrejte asi 5 cm (5 cm) olivového oleja na strednom ohni, kým sa artičokový list nevyšmykne z oleja a rýchlo nezhnedne. Chráňte si ruky rukavicou na pečenie, pretože olej môže striekať a prskať, keď sú artičoky vlhké. Pridajte artičoky stranou nadol. Varte, pričom artičoky dierovanou lyžicou vtláčajte do oleja, kým z jednej strany nezhnednú, asi 10 minút. Opatrne otočte artičoky kliešťami a varte, kým nezhnednú, ešte asi 10 minút.

3.Nechajte odkvapkať na papierových utierkach. Posypte soľou a ihneď podávajte.

Jarný zeleninový guláš v rímskom štýle

vignarol

Recept na 4 až 6 porcií

Taliani sú veľmi citliví na ročné obdobia a objavenie sa prvých jarných artičokov znamená, že zima sa skončila a slnečné dni sa čoskoro vrátia. Na oslavu Rimania jedia misky tohto čerstvého jarného zeleninového guláša s artičokmi ako hlavným chodom.

4 unce nakrájanej pancetty, nasekané

1 1/4 šálky olivového oleja

1 stredná nakrájaná cibuľa

4 v priemere artičoky, orezané a nakrájané na štvrtiny

1 libra čerstvých fava fazulí, vylúpaných alebo nahradených 1 šálkou fava fazule alebo mrazených fava fazulí

1/2 šálky Kurací vývar

Soľ a čerstvo mleté čierne korenie

1 libra čerstvého hrášku, lúpaný (asi 1 šálka)

2 lyžice nasekanej čerstvej petržlenovej vňate

1. Vo veľkej panvici opražte pancettu na oleji na strednom ohni. Často miešajte, kým pancetta nezačne hnednúť, 5 minút. Pridáme cibuľu a opekáme dozlatista, ešte asi 10 minút.

dva. Pridajte artičoky, fazuľu, vývar, soľ a korenie podľa chuti. Dajte oheň dole. Prikryte a varte 10 minút, alebo kým artičoky po prepichnutí nožom takmer nezmäknú. Pridajte hrášok a petržlenovú vňať a varte ďalších 5 minút. Podávajte horúce alebo pri izbovej teplote.

Chrumkavé artičokové srdiečka

Carciofini Fritti

Recept na 6 až 8 porcií

V Spojených štátoch sa artičoky primárne pestujú v Kalifornii, kde ich prvýkrát zasadili začiatkom 20. storočia talianski prisťahovalci. Odrody sa líšia od odrôd v Taliansku a pri zbere sú často veľmi zrelé, niekedy tvrdé a drevnaté. Mrazené artičokové srdiečka môžu byť veľmi chutné a ušetria vám čas. Niekedy ich používam na tento recept. Vyprážané artičokové srdiečka sú vynikajúce s jahňacími kotletami alebo ako predjedlo.

12. dieťaartičoky, nakrájané na plátky a štvrtiny alebo 2 (10-uncové) balíčky mrazených artičokových sŕdc, mierne uvarené podľa návodu na obale

3 veľké vajcia, rozšľahané

Špinavý

2 šálky suchej strúhanky

olej na vyprážanie

Plátky citróna

1. Čerstvé alebo varené sušené artičoky. V stredne plytkej miske rozšľaháme vajíčka so soľou podľa chuti. Strúhanku rozložíme na plech s papierom na pečenie.

dva. Položte chladiaci stojan na plech na pečenie. Artičoky ponorte do vaječnej zmesi a potom ich obalte v strúhanke. Aspoň 15 minút pred varením položte artičoky na mriežku, aby vysušili.

3. Plech vystelieme kuchynským papierom. Nalejte olej 1 palec hlboko do veľkej, ťažkej panvice. Zohrievajte olej, kým kvapka vaječnej zmesi nezaprskne. Pridajte toľko artičokov, aby sa pohodlne zmestili na panvicu bez preplnenia. Varte, obracajte kúsky kliešťami, do zlatohneda, asi 4 minúty. Nechajte odkvapkať na papierových utierkach a udržiavajte v teple, kým varíte zvyšné artičoky, v prípade potreby aj po dávkach.

štyri. Posypeme soľou a podávame horúce s plátkami citróna.

Plnené artičoky

Carciofi Ripieni

Vyrába 8 porcií

Takto moja mama vždy vyrábala artičoky: klasický spôsob varenia v celom južnom Taliansku. Ozdoba stačí na ochutenie artičokov a zvýraznenie ich chuti. Príliš veľa plnky spôsobí, že artičoky budú mokré a ťažké, preto nepridávajte viac strúhanky a použite aspoň kvalitnú strúhanku. Artičoky je možné pripraviť vopred a podávať pri izbovej teplote alebo konzumovať horúce a čerstvé.

v priemere 8artičokypripravený na naplnenie

3/4 šálky suchej strúhanky

11/4 šálky nasekanej čerstvej petržlenovej vňate

1/4 šálky čerstvo nastrúhaného Pecorino Romano alebo Parmigiano-Reggiano

1 strúčik cesnaku, veľmi jemne nasekaný

Soľ a čerstvo mleté čierne korenie

olivový olej

1.Stonky artičokov nadrobno nakrájajte veľkým kuchárskym nožom. Do veľkej misy premiešajte stonky so strúhankou, petržlenovou vňaťou, syrom, cesnakom, soľou a korením podľa chuti. Pridajte trochu oleja a premiešajte, aby sa strúhanka rovnomerne navlhčila. Skúste upraviť korenie.

dva. Opatrne oddeľte listy. Stred artičokov zľahka naplňte strúhankovou zmesou a medzi listy pridajte trochu plnky. Nebaľte plnku.

3.Umiestnite artičoky do dostatočne veľkého hrnca, aby stáli vzpriamene. Pridajte vodu do hĺbky 3/4 palca okolo artičokov. Artičoky pokvapkáme 3 lyžicami olivového oleja.

štyri. Panvicu prikryte a položte na strednú teplotu. Keď voda vrie, znížte teplotu na minimum. Varte asi 40 až 50 minút (v závislosti od veľkosti artičokov) alebo kým spodné časti artičokov po prepichnutí nožom nezmäknú a listy sa ľahko odlepia. V prípade potreby pridajte viac horúcej vody, aby ste predišli obareniu. Podávajte horúce alebo pri izbovej teplote.

Sicílske plnené artičoky

Carciofi alla Siciliana

Vyrába 4 porcie

Horúce a suché podnebie Sicílie je ideálne na pestovanie artičokov. Rastliny so zúbkovanými striebornými listami sú veľmi pekné a veľa ľudí ich používa ako okrasné kríky vo vlastných záhradách. Na konci sezóny sa artičoky, ktoré zostali na rastline, roztrhli a odhalili dospelého škrtiča v strede, ktorý je fialový a huňatý.

Ide o sicílsky spôsob plnenia artičokov, ktorý je zložitejšíPlnené artičokyrecept. Podávame ako aperitív s grilovanou rybou alebo jahňacím stehnom.

4 v priemereartičokypripravený na naplnenie

1 1/2 šálky strúhanky

4 filety sardel, nakrájané nadrobno

2 lyžice nasekaných scedených kapár

2 lyžice opečených píniových orieškov

2 lyžice zlatých hrozienok

2 lyžice nasekanej čerstvej petržlenovej vňate

1 veľký strúčik cesnaku, nasekaný

Soľ a čerstvo mleté čierne korenie

4 polievkové lyžice olivového oleja

¹1/2 šálky suchého bieleho vína

Voda

1.V strednej miske zmiešajte strúhanku, ančovičky, kapary, píniové oriešky, hrozienka, petržlenovú vňať, cesnak, soľ a korenie podľa chuti. Pridajte dve polievkové lyžice oleja.

dva. Opatrne oddeľte listy. Artičoky zľahka naplníme strúhankovou zmesou a medzi listy dáme aj trochu plnky. Nebaľte plnku.

3.Umiestnite artičoky do dostatočne veľkého hrnca, aby stáli vzpriamene. Pridajte vodu do hĺbky 3/4 palca okolo artičokov. Pokvapkáme zvyšnými 2 lyžicami oleja. Okolo artičokov nalejte víno.

štyri. Panvicu prikryte a položte na strednú teplotu. Keď voda vrie, znížte teplotu na minimum. Varte 40 až 50 minút (v závislosti od veľkosti artičokov) alebo kým artičoky po prepichnutí nožom nezmäknú a listy ľahko opadnú. V prípade potreby pridajte viac horúcej vody, aby ste predišli obareniu. Podávajte horúce alebo pri izbovej teplote.

Špargľa na panvici

Špargľa v padelle

Recept na 4 až 6 porcií

Táto špargľa sa rýchlo uvarí. V prípade potreby pridajte nasekaný cesnak alebo čerstvé bylinky.

3 polievkové lyžice olivového oleja

1 libra špargle

Soľ a čerstvo mleté čierne korenie

2 lyžice nasekanej čerstvej petržlenovej vňate

1. Narežte spodnú časť špargle v mieste, kde sa stonka mení z bielej na zelenú. Špargľu nakrájame na 2 cm kúsky.

dva. Vo veľkej panvici zohrejte olej na strednom ohni. Pridajte špargľu a dochuťte soľou a korením podľa chuti. Varte 5 minút za častého miešania, kým špargľa jemne nezhnedne.

3. Panvicu prikryte a varte ďalšie 2 minúty, alebo kým špargľa nezmäkne. Pridajte petržlenovú vňať a ihneď podávajte.

Špargľa s olivovým olejom a octom

Špargľa Insalata

Recept na 4 až 6 porcií

Hneď ako sa na jar objavia prvé lokálne vypestované oštepy, pripravujem ich takto a vo veľkom množstve, aby som utíšil hlad, ktorý sa vyvinul počas dlhej zimy. Špargľu v omáčke ešte za horúca otočte, aby absorbovala chuť.

1 libra špargle

Špinavý

1 1/4 šálky extra panenského olivového oleja

1 až 2 polievkové lyžice červeného vínneho octu

čerstvo mleté čierne korenie

1. Narežte spodnú časť špargle v mieste, kde sa stonka mení z bielej na zelenú. Vo veľkej panvici priveďte do varu asi 2 palce vody. Pridajte špargľu a soľ podľa chuti. Varte, kým špargľa nie je mierne ohnutá, keď sa zdvihne od konca

stonky, 4 až 8 minút. Čas varenia závisí od hrúbky špargle. Špargľu vyberte pomocou pinzety. Nechajte odkvapkať na savom papieri a vysušte.

dva. Vo veľkej plytkej miske zmiešajte olej, ocot, štipku soli a veľa korenia. Šľaháme vidličkou, kým sa nespojí. Pridajte špargľu a opatrne otočte, kým sa obalí. Podávajte horúce alebo pri izbovej teplote.

Špargľa s citrónovým maslom

Špargľa s oslom

Recept na 4 až 6 porcií

Takto jednoducho pripravená špargľa sa hodí takmer ku všetkému, od vajec po ryby a mäso. Do masla pre zmenu pridajte nasekanú čerstvú pažítku, petržlenovú vňať alebo bazalku.

1 libra špargle

Špinavý

2 lyžice nesoleného masla, rozpusteného

1 polievková lyžica čerstvej citrónovej šťavy

čerstvo mleté čierne korenie

1. Narežte spodnú časť špargle v mieste, kde sa stonka mení z bielej na zelenú. Vo veľkej panvici priveďte do varu asi 2 palce vody. Pridajte špargľu a soľ podľa chuti. Varte, kým špargľa nie je mierne ohnutá, keď sa zdvihne od konca

stonky, 4 až 8 minút. Čas varenia závisí od hrúbky špargle. Špargľu vyberte pomocou pinzety. Nechajte odkvapkať na savom papieri a vysušte.

dva. Vyčistite panvicu. Pridajte maslo a varte na strednom ohni, kým sa neroztopí, asi 1 minútu. Pridajte citrónovú šťavu. Vráťte špargľu do panvice. Posypeme korením a opatrne ich otočíme, aby sa obalili v omáčke. Ihneď podávajte.

Špargľa s rôznymi omáčkami

Recept na 4 až 6 porcií

Varená špargľa je lahodná pri izbovej teplote s rôznymi omáčkami. Sú ideálne na večeru, pretože sa dajú pripraviť vopred. Nezáleží na tom, aká je hustá alebo tenká, ale snažte sa, aby špargľa bola približne rovnako veľká, aby sa uvarila rovnomerne.

> majonéza z olivového oleja, pomarančová majonéza, Orzelená omáčka

1 libra špargle

Špinavý

1. V prípade potreby pripravte omáčku alebo omáčky. Potom odrežte spodok špargle, kde sa stonka mení z bielej na zelenú.

dva. Vo veľkej panvici priveďte do varu asi 2 palce vody. Pridajte špargľu a soľ podľa chuti. Varte, kým špargľa nie je mierne ohnutá, keď sa zdvihne od konca stonky, 4 až 8 minút. Čas varenia závisí od hrúbky špargle.

3. Špargľu vyberte pomocou pinzety. Nechajte odkvapkať na savom papieri a vysušte. Špargľu podávajte pri izbovej teplote s jednou alebo viacerými omáčkami.

Špargľa s kaparou a vaječným vinaigrettom

Špargľa z Capri a Uove

Recept na 4 až 6 porcií

V Trentino-južnom Tirolsku a Benátsku je hustá biela špargľa jarným rituálom. Sú vyprážané a varené, pridávajú sa do rizota, polievok a šalátov. Vaječná omáčka je typická korenina, podobne ako tie s citrónovou šťavou, petržlenovou vňaťou a kaparami.

1 libra špargle

Špinavý

1 1/4 šálky olivového oleja

1 čajová lyžička čerstvej citrónovej šťavy

čerstvo mleté korenie

1 natvrdo uvarené vajce, nakrájané na kocky

2 lyžice nasekanej čerstvej petržlenovej vňate

1 lyžica kapary, opláchnuté a scedené

1. Narežte spodnú časť špargle v mieste, kde sa stonka mení z bielej na zelenú. Vo veľkej panvici priveďte do varu asi 2 palce vody. Pridajte špargľu a soľ podľa chuti. Varte, kým špargľa nie je mierne ohnutá, keď sa zdvihne od konca stonky, 4 až 8 minút. Čas varenia závisí od hrúbky špargle. Špargľu vyberte pomocou pinzety. Nechajte odkvapkať na savom papieri a vysušte.

dva. V malej miske vyšľaháme olej, citrónovú šťavu a štipku soli a korenia. Pridajte vajce, petržlenovú vňať a kapary.

3. Vložte špargľu do servírovacej misky a zalejte omáčkou. Ihneď podávajte.

Špargľa s parmezánom a maslom

Špargľa Parmigiana

Recept na 4 až 6 porcií

Toto sa niekedy nazýva asparagi alla Milanese (špargľa na milánsky spôsob), hoci sa konzumuje v mnohých rôznych regiónoch. Ak nájdete bielu špargľu, je na túto úpravu obzvlášť vhodná.

1 libra hrubá špargľa

Špinavý

2 lyžice nesoleného masla

čerstvo mleté čierne korenie

1/2 šálky čerstvo nastrúhaného Parmigiano-Reggiano

1. Narežte spodnú časť špargle v mieste, kde sa stonka mení z bielej na zelenú. Vo veľkej panvici priveďte do varu asi 2 palce vody. Pridajte špargľu a soľ podľa chuti. Varte, kým špargľa nie je mierne ohnutá, keď sa zdvihne od konca

stonky, 4 až 8 minút. Čas varenia závisí od hrúbky špargle. Špargľu vyberte pomocou pinzety. Nechajte odkvapkať na savom papieri a vysušte.

dva. Umiestnite gril do stredu rúry. Predhrejte rúru na 450 ° F. Maslom veľký pekáč.

3.Špargľu poukladáme vedľa seba do zapekacej misy, mierne sa prekrývame. Potrieme maslom a posypeme korením a syrom.

štyri. Pečte 15 minút alebo kým sa syr neroztopí a nezozlatne. Ihneď podávajte.

Balíčky so špargľou a prosciuttom

Špargľa Fagottini

Vyrába 4 porcie

Pre výdatnejšie jedlo niekedy položím na vrch každého balíčka plátky Fontina Val d'Aosta, mozzarellu alebo iný dobrý tavený syr.

1 libra špargle

Soľ a čerstvo mleté korenie

4 plátky dovážanej talianskej šunky prosciutto

2 polievkové lyžice masla

1/4 šálky čerstvo nastrúhaného Parmigiano-Reggiano

1. Narežte spodnú časť špargle v mieste, kde sa stonka mení z bielej na zelenú. Vo veľkej panvici priveďte do varu asi 2 palce vody. Pridajte špargľu a soľ podľa chuti. Varte, kým špargľa nie je mierne ohnutá, keď sa zdvihne od konca stonky, 4 až 8 minút. Čas varenia závisí od hrúbky špargle.

Špargľu vyberte pomocou pinzety. Nechajte odkvapkať na savom papieri a vysušte.

dva. Umiestnite gril do stredu rúry. Predhrejte rúru na 350° F. Maslom vymažte veľký pekáč.

3. Vo veľkej panvici rozpustite maslo. Pridajte špargľu a posypte soľou a korením. Špargľu opatrne otočte dvoma lopatkami v masle, aby bola dobre obalená.

štyri. Špargľu rozdeľte na 4 skupiny. Každú skupinu umiestnite do stredu plátku šunky Serrano. Špargľu zabaľte do končekov šunky Serrano. Vložte papiloty do zapekacej misy. Posypeme parmezánom.

5. Špargľu varte 15 minút alebo kým sa syr neroztopí a nevytvorí kôrku. Podávajte horúce.

Pečená špargľa

Špargľa al Forno

Recept na 4 až 6 porcií

Pražením špargľa zhnedne a získa prirodzenú sladkosť. Ideálne na grilovanie mäsa. Uvarené mäso môžeme vybrať z rúry a špargľu opražiť, kým odpočíva. Na tento recept použite hustú špargľu.

1 libra špargle

1 1/4 šálky olivového oleja

Špinavý

1. Umiestnite gril do stredu rúry. Predhrejte rúru na 250 ° F. Odrežte spodnú časť špargle, kde sa stonka mení z bielej na zelenú.

dva. Špargľu položte na dostatočne veľký plech na pečenie, aby sa zmestil do jednej vrstvy. Pokvapkáme olejom a osolíme. Otáčajte špargľu tam a späť, aby sa obalila olejom.

3.Pečte 8 až 10 minút alebo kým špargľa nezmäkne.

Špargľa so sabayonom

Špargľa allo Zabaione

Vyrába 6 porcií

Zabaglione je vzdušný vaječný krém, ktorý sa zvyčajne podáva na sladko ako dezert. V tomto prípade sa vajíčka rozšľahajú s bielym vínom a bez cukru a podávajú sa so špargľou. Je to elegantné predjedlo k jarnému jedlu. Ošúpanie špargle je voliteľné, ale zabezpečí, že špargľa bude mäkká od špičky po stopku.

1 1/2 libry špargle

2 veľké žĺtky

1 1/4 šálky suchého bieleho vína

Štipka soli

1 lyžica nesoleného masla

1. Narežte spodnú časť špargle v mieste, kde sa stonka mení z bielej na zelenú. Ak chcete špargľu ošúpať, začnite od

spodnej časti a pomocou rotačného noža odstráňte tmavozelenú šupku až po koniec stonky.

dva. Vo veľkej panvici priveďte do varu asi 2 palce vody. Pridajte špargľu a soľ podľa chuti. Varte, kým špargľa nie je mierne ohnutá, keď sa zdvihne od konca stonky, 4 až 8 minút. Čas varenia závisí od hrúbky špargle. Špargľu vyberte pomocou pinzety. Nechajte odkvapkať na savom papieri a vysušte.

3. V spodnej polovici hrnca alebo dvojitého kotla priveďte do varu asi palec vody. Vložte vaječné žĺtky, víno a soľ do dvojitého kotla alebo žiaruvzdornej misy, ktorá tesne prilieha na panvicu bez toho, aby sa dotkla vody.

štyri. Vaječnú zmes rozšľaháme, kým sa nespojí, a panvicu alebo misku položíme nad vriacu vodu. Šľaháme elektrickým ručným šľahačom alebo šľahačom, kým nie je zmes bledá a po zdvihnutí šľahačov drží hladký tvar, asi 5 minút. Zašľaháme maslo, kým sa nespojí.

5. Špargľu polejeme horúcou omáčkou a ihneď podávame.

Špargľa s Taleggio a píniovými orieškami

Špargľa z Taleggia a Pinoly

Recept na 6 až 8 porcií

Neďaleko Peck's, známej milánskej gastronómie (gurmánsky butik), sa nachádza Trattoria Milanese. Je to skvelé miesto, kde môžete vyskúšať jednoduché, klasické lombardské jedlá, ako je šparglľa s taleggio, chutný miestny polomäkký maslový syr z kravského mlieka a jeden z najlepších syrov v Taliansku. Fontina alebo Bel Paese môžu byť nahradené, ak taleggio nie je k dispozícii.

2 libry špargle

Špinavý

2 lyžice nesoleného masla, rozpusteného

6 oz taleggio, Fontina Valle d'Aosta alebo Bel Paese, nakrájané na malé kúsky

1/4 šálky nasekaných píniových oriešok alebo nakrájaných mandlí

1 polievková lyžica strúhanky

1.Umiestnite gril do stredu rúry. Predhrejte rúru na 450 ° F. Maslo 13 × 9 × 2-palcový pekáč.

dva. Narežte spodnú časť špargle v mieste, kde sa stonka mení z bielej na zelenú. Ak chcete špargľu ošúpať, začnite od spodnej časti a pomocou rotačného noža odstráňte tmavozelenú šupku až po koniec stonky.

3.Vo veľkej panvici priveďte do varu asi 2 palce vody. Pridajte špargľu a soľ podľa chuti. Varte, kým sa špargľa pri zdvihnutí z konca stonky mierne neohne, 4 až 8 minút. Čas varenia závisí od hrúbky špargle. Špargľu vyberte pomocou pinzety. Nechajte odkvapkať na savom papieri a vysušte.

štyri. Vložte špargľu do pekáča. Potrieme maslom. Na špargľu rozotrieme syr. Posypeme orechmi a strúhankou.

5.Pečte, kým sa syr neroztopí a pekanové orechy nezozlatnú, asi 15 minút. Podávajte horúce.

špargľový tymbal

Špargľa sformatini

Vyrába 6 porcií

Tieto hodvábne krémy sú staromódnym prípravkom, ktorý zostáva populárny v mnohých talianskych reštauráciách, hlavne preto, že sú tak chutné. Týmto spôsobom sa dá pripraviť prakticky akákoľvek zelenina a tieto misky sú ideálne pre vegetariánske predjedlo, hlavné jedlo alebo hlavné jedlo. Sformatini, doslova „malé beztvaré veci", môžeme podávať obyčajné, ozdobené paradajkovou omáčkou či syrom, alebo obklopené zeleninou restovanou na masle.

1 šálkaBešamel

11/2 libry špargle, nasekané

3 veľké vajcia

1/4 šálky čerstvo nastrúhaného Parmigiano-Reggiano

Soľ a čerstvo mleté čierne korenie

1. Ak chcete, pripravte si bešamelovú omáčku. Vo veľkej panvici priveďte do varu asi 2 palce vody. Pridajte špargľu a soľ podľa chuti. Varte, kým sa špargľa pri zdvihnutí z konca stonky mierne neohne, 4 až 8 minút. Čas varenia závisí od hrúbky špargle. Špargľu vyberte pomocou pinzety. Nechajte odkvapkať na savom papieri a vysušte. Odstrihnite a rezervujte 6 koncov.

dva. Vložte špargľu do kuchynského robota a spracujte do hladka. Zmiešajte vajcia, bešamel, syr, 1 lyžičku soli a korenie podľa chuti.

3. Umiestnite gril do stredu rúry. Predhrejte rúru na 350 ° F. Veľkoryso maslo šesť 6-unca flatbreads alebo ramekins. Špargľovú zmes nalejeme do pohárov. Vložte poháre do veľkej pekáča a do polovice pohárov zalejte vriacou vodou.

štyri. Pečte 50 až 60 minút alebo kým nôž vložený do stredu nevyjde čistý. Vyberte ramekiny z panvice a prejdite malým nožom po okrajoch. Nalejte mušle na servírovacie misy. Ozdobte odloženými špargľovými špargľami a podávajte horúce.

Fazuľa vo vidieckom štýle

Fagioli alla Paesana

Urobí asi 6 šálok fazule, veľkosť porcie 10 až 12

Toto je základná metóda varenia pre všetky druhy fazule. Namočená fazuľa môže pri izbovej teplote kvasiť, preto ju skladujem v chladničke. Po uvarení podávajte s trochou extra panenského olivového oleja alebo pridajte do polievok či šalátov.

1 libra brusníc, cannellini alebo inej sušenej fazule

1 mrkva, nakrájaná na plátky

1 stonka zeleru s listami

1 cibuľa

2 strúčiky cesnaku

2 polievkové lyžice olivového oleja

Špinavý

1. Opláchnite fazuľa a zdvihnite ju, aby ste odstránili všetky zlomené fazule alebo malé kamene.

dva. Vložte fazuľa do veľkej misy so studenou vodou tak, aby zakrývala 2 palce. Odložte do chladničky na 4 hodiny až cez noc.

3. Sceďte fazuľu a vložte ju do veľkého hrnca so studenou vodou tak, aby bola zakrytá do hĺbky 1 palca. Na strednom ohni priveďte vodu do varu. Znížte teplotu na minimum a zbierajte penu, ktorá pláva na vrchu. Keď pena prestane stúpať, pridáme zeleninu a olivový olej.

štyri. Hrniec prikryjeme a dusíme 1,5 až 2 hodiny, v prípade potreby podlievame vodou, kým fazuľa nie je veľmi mäkká a krémová. Podľa chuti osolíme a necháme odstáť asi 10 minút. Zeleninu vyhoďte. Podávajte horúce alebo pri izbovej teplote.

Toskánska fazuľa

Fagioli Stuffati

Vyrába 6 porcií

Toskánci sú majstrami vo varení fazule. Sušené strukoviny s korením sa varia v slabo bublajúcej tekutine. Výsledkom dlhého a pomalého varenia sú jemné, krémové fazule, ktoré si pri varení držia svoj tvar.

Vždy otestujte niekoľko fazúľ, aby ste zistili, či sú hotové, pretože sa neuvaria všetky naraz. Po uvarení nechám fazuľu chvíľu na ohni, aby som mala istotu, že je uvarená. Sú dobré za tepla a výborne zahrejú.

Fazuľa je vynikajúca ako príloha do polievok alebo ako príloha k teplému opečenému talianskemu chlebu natretému cesnakom a pokvapkanému olejom.

8 uncí sušených cannellini, brusníc alebo inej fazule

1 veľký strúčik cesnaku, jemne nasekaný

6 lístkov čerstvej šalvie alebo malá vetvička rozmarínu alebo 3 vetvičky čerstvého tymiánu

Špinavý

extra panenský olivový olej

čerstvo mleté čierne korenie

1. Opláchnite fazuľa a zdvihnite ju, aby ste odstránili všetky zlomené fazule alebo malé kamene. Vložte fazuľa do veľkej misy so studenou vodou tak, aby zakrývala 2 palce. Odložte do chladničky na 4 hodiny až cez noc.

dva. Predhrejte rúru na 300 ° F. Vypustite fazuľa a vložte ich do holandskej rúry alebo iného hlbokého, ťažkého hrnca s tesne priliehajúcim vekom. Pridajte studenú vodu na pokrytie 1 palca. Pridajte cesnak a šalviu. Na miernom ohni privedieme do varu.

3. Plech prikryte a položte na stredný rošt rúry. Varte, kým fazuľa nezmäkne, asi 1 hodinu a 15 minút alebo dlhšie v závislosti od druhu a veku fazule. Občas skontrolujte, či nie

je potrebné viac vody na ponorenie fazule. Uvarenie niektorých fazulí môže trvať ďalších 30 minút.

štyri. Vyskúšajte fazuľu. Po úplnom uvarení pridajte soľ podľa chuti. Nechajte fazuľu 10 minút. Podávajte horúce pokvapkané olivovým olejom a štipkou čierneho korenia.

Fazuľový šalát

Fagioliho Insalata

Vyrába 4 porcie

Korenie fazule, kým je horúca, im umožní absorbovať chute.

2 polievkové lyžice extra panenského olivového oleja

2 polievkové lyžice čerstvej citrónovej šťavy

Soľ a čerstvo mleté čierne korenie

2 šálky varenej alebo konzervovanej fazule, ako sú fazuľa cannellini alebo brusnice

1 malá žltá paprika, nakrájaná na kocky

1 šálka cherry paradajok, na polovicu alebo na štvrtiny

2 zelené cibule, nakrájané na 1/2 palcové kúsky

1 zväzok rukoly, nakrájanej nadrobno

1. V strednej miske vyšľaháme olej, citrónovú šťavu, soľ a korenie podľa chuti. Fazuľu scedíme a pridáme do dresingu. Dobre premiešajte. Nechajte 30 minút odpočívať.

dva. Pridajte papriku, paradajky a cibuľu a premiešajte. Skúste upraviť korenie.

3. Rukolu poukladáme do misky a ozdobíme šalátom. Ihneď podávajte.

Fazuľa a kapusta

Fagioli a Cavolo

Vyrába 6 porcií

Podávame ako predjedlo namiesto cestovín alebo polievky, alebo ako prílohu k pečenému bravčovému či kuraciemu mäsu.

2 unce pancetty (4 hrubé plátky), nakrájané na 1 palec (2,5 cm) prúžky

2 polievkové lyžice olivového oleja

1 malá cibuľa nakrájaná

2 veľké strúčiky cesnaku

1/4 ČL mletej červenej papriky

4 šálky nakrájanej kapusty

1 šálka nakrájaných čerstvých alebo konzervovaných paradajok

Špinavý

3 šálky uvarených alebo zaváraných fazuliek cannellini alebo brusníc, scedených

1. Vo veľkej panvici opražte pancettu na olivovom oleji 5 minút. Pridajte cibuľu, cesnak a čili papričku a varte, kým cibuľa nezmäkne, asi 10 minút.

dva. Pridajte kapustu, paradajky a soľ podľa chuti. Znížte oheň a panvicu prikryte. Varte 20 minút alebo kým kapusta nezmäkne. Pridajte fazuľu a varte ďalších 5 minút. Podávajte horúce.

Fazuľa v paradajkovej šalviovej omáčke

Fagioli all'Uccelletto

Vyrába 8 porcií

Táto toskánska fazuľa sa varí ako lovná zver so šalviou a paradajkami, odtiaľ pochádza ich taliansky názov.

1 libra sušenej fazule cannellini alebo fazule Great Northern, opláchnutá a zozbieraná

Špinavý

2 vetvičky čerstvej šalvie

3 veľké strúčiky cesnaku

1 1/4 šálky olivového oleja

3 veľké paradajky, olúpané, zbavené semienok a nakrájané, alebo 2 šálky konzervovaných paradajok

1. Vložte fazuľa do veľkej misy so studenou vodou tak, aby zakrývala 2 palce. Vložte ich do chladničky na 4 hodiny, aby nasiakli cez noc.

dva. Sceďte fazuľu a vložte ju do veľkého hrnca so studenou vodou tak, aby bola zakrytá do hĺbky 1 palca. Tekutinu priveďte do varu. Prikryte a varte, kým fazuľa nezmäkne, 11/2 až 2 hodiny. Podľa chuti osolíme a necháme 10 minút postáť.

3. Vo veľkom hrnci na oleji na strednom ohni poduste šalviu a cesnak, pričom cesnak rozdrvte zadnou stranou lyžice, kým cesnak nezozlatne, asi 5 minút. Pridajte paradajky.

štyri. Scedíme fazuľu, zachytíme tekutinu. Pridajte fazuľu do omáčky. Varte 10 minút a ak fazuľa vyschne, pridajte trochu odloženej tekutiny. Podávajte horúce alebo pri izbovej teplote.

Cícerový guláš

Toto pre Zimina

Recept na 4 až 6 porcií

Tento výdatný guláš je dobrý sám o sebe, alebo môžete pridať varené rezance alebo ryžu a vodu alebo vývar, aby ste z neho urobili polievku.

1 stredná nakrájaná cibuľa

1 strúčik cesnaku, nasekaný nadrobno

4 polievkové lyžice olivového oleja

1 libra švajčiarskeho mangoldu alebo špenátu, orezaného a nasekaného

Soľ a čerstvo mleté čierne korenie

3½ šálky uvareného alebo scedeného cíceru z konzervy

extra panenský olivový olej

1. V strednom hrnci orestujte cibuľu a cesnak na oleji na miernom ohni do zlatista, 10 minút. Pridajte mangold a soľ podľa chuti. Prikryjeme a varíme 15 minút.

dva. Pridajte cícer s trochou tekutiny alebo vody a soľou a korením podľa chuti. Prikryjeme a varíme ďalších 30 minút. Občas premiešame a zadnou časťou lyžice roztlačíme niekoľko cícerov. Ak je zmes príliš suchá, pridajte ešte trochu tekutiny.

3. Pred podávaním mierne vychladnúť. Ak chcete, pokvapkajte trochou extra panenského olivového oleja

Fazuľa s horkou zeleninou

Obľúbená a Cicorie

Recept na 4 až 6 porcií

Sušená fazuľa má zemitú, mierne horkastú chuť. Pri nákupe dávajte pozor na lúpanú odrodu. Sú o niečo drahšie, ale stojí za to sa im vyhnúť, ak máte tvrdú pokožku. Tiež sa varia rýchlejšie ako fazuľa so šupkou. Sušené a lúpané fazule možno nájsť na etnických trhoch a trhoch so špeciálnymi zdravými potravinami.

Tento recept pochádza z Apúlie, kde je prakticky národným jedlom. Môže sa použiť akýkoľvek druh horkej zeleniny, napríklad čakanka, brokolica, okrúhlica alebo púpava. Rád si do zeleniny pri varení pridávam štipku mletej červenej papriky, ale nie je to tradičné.

8 uncí sušených fazúľ, olúpaných, opláchnutých a scedených

1 stredne uvarený zemiak, olúpaný a nakrájaný na 1-palcové kúsky

Špinavý

1 libra čakanky alebo púpavy, orezaná

1 1/4 šálky extra panenského olivového oleja

1 strúčik cesnaku, nasekaný nadrobno

štipka mletej červenej papriky

1. Vložte fazuľu a zemiaky do veľkého hrnca. Pridajte studenú vodu na pokrytie 1/2 palca. Priveďte do varu a varte, kým fazuľa nezmäkne a nerozpadne sa a všetka voda sa vsiakne.

dva. Podľa chuti dosolíme. Fazuľu roztlačte lyžičkou alebo drvičom na zemiaky. Pridajte olej.

3. Veľký hrniec s vodou priveďte do varu. Pridajte zeleninu a soľ podľa chuti. Varte do mäkka, v závislosti od druhu zeleniny, 5 až 10 minút. Dobre sceďte.

štyri. Nádobu vysušte. Pridajte olej, cesnak a drvenú červenú papriku. Varte na strednom ohni, kým cesnak nie je zlatý, asi 2 minúty. Pridáme scedenú zeleninu a podľa chuti osolíme. Dobre premiešajte.

5. Fazuľové pyré rozdelíme do misky. Na vrch poukladajte zeleninu. V prípade potreby postriekajte ďalším olejom. Podávajte horúce alebo teplé.

Čerstvá fazuľa v rímskom štýle

Romana obľúbená

Vyrába 4 porcie

Čerstvá fazuľa so strukami je dôležitou jarnou zeleninou v strednom a južnom Taliansku. Rimania ich radi vyťahujú z ulity a okrem mladého pecorina ich jedia surové. Fazuľa sa tiež dusí s inou jarnou zeleninou, ako je hrášok a artičoky.

Ak sú fazule veľmi mladé a jemné, nie je potrebné šúpať tenkú šupku, ktorá ich pokrýva. Skúste zjesť jeden so šupkou a jeden bez šupky, aby ste zistili, či sú jemné.

Chuť a textúra čerstvej fazule je úplne odlišná od sušenej fazule, preto jednu nenahrádzajte druhou. Ak nemôžete nájsť čerstvé fazule, hľadajte mrazené fazule predávané na mnohých talianskych trhoch a trhoch Blízkeho východu. Čerstvé alebo mrazené fazule lima tiež dobre fungujú v tomto jedle.

1 malá cibuľa, nakrájaná nadrobno

4 unce pancetty, nakrájanej na kocky

2 polievkové lyžice olivového oleja

4 libry čerstvých fazúľ lima, lúpaných (asi 3 šálky)

Soľ a čerstvo mleté čierne korenie

1 1/4 šálky vody

1. Na strednej panvici orestujte cibuľu a pancettu na olivovom oleji na strednom ohni 10 minút alebo do zlatista.

dva. Pridajte fazuľu a soľ a korenie podľa chuti. Pridajte vodu a znížte teplo. Hrniec prikryjeme a varíme 5 minút, alebo kým fazuľa takmer nezmäkne.

3. Odstráňte veko a varte, kým fazuľa a pancetta jemne nezhnednú, asi 5 minút. Podávajte horúce.

Čerstvé umbrijské fazule

kombinácia

Vyrába 6 porcií

Fazuľové struky by mali byť pevné a chrumkavé, nie pokrčené alebo kašovité, čo naznačuje, že sú príliš staré. Čím je struk menší, tým bude fazuľa jemnejšia. Obrázok 1 libra čerstvej strukovanej fazule na 1 šálku lúpaných fazúľ.

2 1/2 libry čerstvej fazule lima, lúpané alebo 2 šálky mrazenej fazule lima

1 libra švajčiarskeho mangoldu, orezaná a nakrájaná na pásy široké 1 palec

1 nakrájanú cibuľu

1 stredná mrkva, nakrájaná

1 nadrobno nakrájaný zeler

1 1/4 šálky olivového oleja

1 lyžička soli

čerstvo mleté čierne korenie

1 stredne zrelá paradajka, olúpaná, zbavená semienok a nakrájaná

1.V strednom hrnci zmiešajte všetky ingrediencie okrem paradajok. Prikryjeme a za občasného miešania dusíme 15 minút alebo kým fazuľa nezmäkne. Ak sa zelenina začne lepiť, pridajte trochu vody.

dva. Pridajte paradajku a 5 minút varte odokryté. Podávajte horúce.

Brokolica s olejom a citrónom

poľnohospodárska brokolica

Vyrába 6 porcií

Je to hlavný spôsob podávania mnohých druhov varenej zeleniny v južnom Taliansku. Podávajú sa vždy pri izbovej teplote.

1 1/2 libry brokolice

Špinavý

1 1/4 šálky extra panenského olivového oleja

1 až 2 polievkové lyžice čerstvej citrónovej šťavy

Plátky citrónu na ozdobu

1. Brokolicu rozdelíme na veľké ružičky. Odrežte konce stoniek. Tvrdú šupku odstráňte škrabkou s rotujúcou čepeľou. Hrubé stonky nakrájajte na 1/4-palcové plátky.

dva. Veľký hrniec s vodou priveďte do varu. Pridajte brokolicu a soľ podľa chuti. Varte, kým brokolica nezmäkne, 5 až 7 minút. Scedíme a mierne ochladíme pod tečúcou studenou vodou.

3. Brokolicu pokvapkáme olejom a citrónovou šťavou. Ozdobte plátkami citróna. Podávajte pri izbovej teplote.

Brokolica Parma

Brokolica Parmigiana

Vyrába 4 porcie

Urobte si pre zmenu toto jedlo z karfiolu a brokolice.

11/2 libry brokolice

Špinavý

3 lyžice nesoleného masla

čerstvo mleté čierne korenie

1/2 šálky čerstvo nastrúhaného Parmigiano-Reggiano

1. Brokolicu rozdelíme na veľké ružičky. Odrežte konce stoniek. Tvrdú šupku odstráňte škrabkou s rotujúcou čepeľou. Hrubé stonky nakrájajte na 1/4-palcové plátky.

   dva. Veľký hrniec s vodou priveďte do varu. Pridajte brokolicu a soľ podľa chuti. Varte, kým brokolica čiastočne nezmäkne, asi 5 minút. Scedíme a ochladíme v studenej vode.

3.Umiestnite gril do stredu rúry. Predhrejte rúru na 375 ° F. Zapekacia misa je dostatočne veľká na brokolicu.

štyri. Vložte oštepy do pripravenej misky a mierne ich prekrývajte. Potrieme maslom a posypeme korením. Navrch posypeme syrom.

5.Pečte 10 minút alebo kým sa syr neroztopí a jemne nezhnedne. Podávajte horúce.

Brokolica rabe s cesnakom a feferónkami

Cime de Lotte v Peperoncino

Vyrába 4 porcie

Nie je nič lepšie ako tento recept na ochutenie brokolice. Toto jedlo sa dá pripraviť aj s brokolicou alebo karfiolom. Niektoré verzie obsahujú niekoľko ančovičiek opečených na cesnaku a oleji alebo skúste pridať hrsť olív pre pikantnú chuť. Je tiež skvelým doplnkom k cestovinám.

11/2 libry brokolicovej repky

Špinavý

3 polievkové lyžice olivového oleja

2 veľké strúčiky cesnaku, nakrájané na tenké plátky

štipka mletej červenej papriky

1. Ružičky brokolice nakrájame na ružičky. Odrežte základňu stoniek. Lúpanie stoniek je voliteľné. Každý kvet rozrežte priečne na 2 alebo 3 časti.

dva. Veľký hrniec s vodou priveďte do varu. Pridajte brokolicu a soľ podľa chuti. Varte, kým brokolica nie je takmer mäkká, asi 5 minút. VÝCHOD.

3. Panvicu scedíme a pridáme olej, cesnak a červenú papriku. Varte na strednom ohni, kým cesnak jemne nezhnedne, asi 2 minúty. Pridajte brokolicu a štipku soli. Dobre premiešajte. Prikryjeme a varíme do mäkka, ešte 3 minúty. Podávajte horúce alebo pri izbovej teplote.

Brokolica s prosciuttom

Pomaly varená brokolica

Vyrába 4 porcie

Brokolica v tomto recepte je uvarená do mäkka, aby sa dala rozdrviť vidličkou. Podávame ako prílohu alebo nátierku s talianskym chlebom crostini.

1 1/2 libry brokolice

Špinavý

1 1/4 šálky olivového oleja

1 stredná nakrájaná cibuľa

1 strúčik cesnaku, nasekaný nadrobno

4 tenké plátky dovezeného talianskeho prosciutta, priečne nakrájané na tenké prúžky

1. Brokolicu rozdelíme na veľké ružičky. Odrežte konce stoniek. Tvrdú šupku odstráňte škrabkou s rotujúcou čepeľou. Hrubé stonky nakrájajte na 1/4-palcové plátky.

dva. Veľký hrniec s vodou priveďte do varu. Pridajte brokolicu a soľ podľa chuti. Varte, kým brokolica čiastočne nezmäkne, asi 5 minút. Scedíme a ochladíme v studenej vode.

3. Panvicu scedíme a pridáme olej, cibuľu a cesnak. Varte na strednom ohni do zlatohneda, asi 10 minút. Pridajte brokolicu. Zakryte a znížte teplotu. Varte, kým brokolica nezmäkne, asi 15 minút.

štyri. Brokolicu roztlačíme pomocou mačkača na zemiaky alebo vidličkou. Pridajte prosciutto. Dochutíme soľou a korením. Podávajte horúce.

Brokolicové rolky Rabe

Mursi z Cime di Rape

Vyrába 4 porcie

Minestra môže byť hustá polievka s rezancami alebo ryžou, alebo výdatné zeleninové jedlo ako je táto z Puglie s kockami chleba. Hoci ho zrejme vymyslela šetrná gazdiná so zvyškom chleba a dostatočnými ústami na jeho napchanie, je celkom chutný ako predjedlo alebo ako príloha k rebierkam či kotletám.

1 1/2 libry brokolicovej repky

3 strúčiky cesnaku, nakrájané na tenké plátky

štipka mletej červenej papriky

1/3 šálky olivového oleja

4 až 6 plátkov (1/2 palca hrubý) talianskeho alebo francúzskeho chleba, nakrájaných na malé kúsky

1.Ružičky brokolice nakrájame na ružičky. Odrežte základňu stoniek. Lúpanie stoniek je voliteľné. Každý kvet nakrájajte priečne na 1-palcové kúsky.

dva.Veľký hrniec s vodou priveďte do varu. Pridajte brokolicu a soľ podľa chuti. Varte, kým brokolica nie je takmer mäkká, asi 5 minút. VÝCHOD.

3.Vo veľkej panvici podusíme na oleji cesnak a červenú papriku 1 minútu. Pridajte kocky chleba a za častého miešania varte, kým sa chlieb jemne neopečie, asi 3 minúty.

štyri.Pridajte brokolicu a štipku soli. Varte za stáleho miešania ďalších 5 minút. Podávajte horúce.

Brokolica rabe so slaninou a paradajkami

Lotte Peak v Pomodori

Vyrába 4 porcie

V tomto recepte mäsitá príchuť pancetty, cibule a paradajok dopĺňa výraznú chuť brokolice. Toto je ďalšie jedlo, ktoré sa veľmi dobre hodí k vareným cestovinám.

11/2 libry brokolicovej repky

Špinavý

2 polievkové lyžice olivového oleja

2 hrubé plátky slaniny nakrájané nadrobno

1 stredná nakrájaná cibuľa

štipka mletej červenej papriky

1 šálka konzervovaných sekaných paradajok

2 polievkové lyžice suchého bieleho vína alebo vody

1. Ružičky brokolice nakrájame na ružičky. Odrežte základňu stoniek. Lúpanie stoniek je voliteľné. Každý kvet nakrájajte priečne na 1-palcové kúsky.

dva. Veľký hrniec s vodou priveďte do varu. Pridajte brokolicu a soľ podľa chuti. Varte, kým brokolica nie je takmer mäkká, asi 5 minút. VÝCHOD.

3. Nalejte olej do veľkej panvice. Pridajte pancettu, cibuľu a červenú papriku a varte na strednom ohni, kým cibuľa nie je priehľadná, asi 5 minút. Pridajte paradajky, víno a štipku soli. Varte ďalších 10 minút alebo do zhustnutia.

štyri. Pridajte brokolicu a varte do mäkka, asi 2 minúty. Podávajte horúce.

Malé zeleninové placky

Frittel di Erbe di Campo

Vyrába 8 porcií

Na Sicílii sa tieto malé zeleninové placky vyrábajú z horkej divokej zeleniny. Môžete použiť brokolicu, horčicu, borák alebo čakanku. Tieto koláče sa tradične jedia okolo Veľkej noci ako predjedlo alebo príloha. Sú teplé alebo pri izbovej teplote.

11/2 libry brokolicovej repky

Špinavý

4 veľké vajcia

2 polievkové lyžice nastrúhaného caciocavallo alebo pecorino romano

Soľ a čerstvo mleté čierne korenie

2 polievkové lyžice olivového oleja

1. Ružičky brokolice nakrájame na ružičky. Odrežte základňu stoniek. Lúpanie stoniek je voliteľné. Každý kvet nakrájajte priečne na 1-palcové kúsky.

dva. Veľký hrniec s vodou priveďte do varu. Pridajte brokolicu a soľ podľa chuti. Varte, kým brokolica nie je takmer mäkká, asi 5 minút. VÝCHOD. Necháme mierne vychladnúť a vytlačíme vodu. Ružičky brokolice nakrájame nadrobno.

3. Vo veľkej mise vyšľaháme vajcia, syr, soľ a korenie podľa chuti. Pridajte zeleninu.

štyri. Vo veľkej panvici zohrejte olej na strednom ohni. Z hrnca odoberte vrchovatú polievkovú lyžicu zmesi a nalejte ju do hrnca. Zmes sploštíme lyžičkou na malú placku. Opakujte so zvyšnou zmesou. Smažte jednu stranu sušienok, kým jemne nezhnednú, asi 2 minúty, potom ich otočte vareškou a opečte druhú stranu, kým nie sú zlaté a uvarené. Podávajte horúce alebo pri izbovej teplote.

vyprážaný karfiol

Cavolfiore Fritte

Vyrába 4 porcie

Skúste takto pripravený karfiol podávať niekomu, kto túto všestrannú zeleninu bežne neobľubuje a presvedčíte sa. Chrumkavá strúhanka s príchuťou syra krásne kontrastuje s jemným karfiolom. Môžu sa podávať ako predjedlo na párty alebo ako príloha ku grilovaným bravčovým kotletám. Podávajte ihneď po uvarení pre lepšiu textúru.

1 malý karfiol (asi 1 libra)

Špinavý

1 šálka suchej strúhanky

3 veľké vajcia

1/2 šálky čerstvo nastrúhaného Parmigiano-Reggiano

čerstvo mleté čierne korenie

Zeleninový olej

Plátky citróna

1. Karfiol nakrájame na 2 cm ružičky. Odrežte konce stoniek. Hrubé stonky nakrájajte na 1/4-palcové plátky.

dva. Veľký hrniec s vodou priveďte do varu. Pridajte karfiol a soľ podľa chuti. Varte, kým karfiol nie je takmer mäkký, asi 5 minút. Scedíme a ochladíme v studenej vode.

3. Strúhanku dáme do hlbokého taniera. V malej miske vyšľaháme vajcia, syr, soľ a korenie podľa chuti. Kúsky karfiolu namočíme do vajíčka a potom ich obalíme v strúhanke. Nechajte 15 minút sušiť na mriežke.

štyri. Nalejte olej do veľkej hlbokej panvice do hĺbky 1/2 palca. Zohrievajte na strednom ohni, kým časť uvoľnenej vaječnej zmesi nezasyčí na panvici a rýchlo sa uvarí. Medzitým vyložte plech papierovými utierkami.

5. Vložte do panvice čo najviac kúskov karfiolu bez toho, aby ste sa navzájom dotýkali. Kúsky smažte kliešťami, kým nie sú zlaté a chrumkavé, asi 6 minút. Karfiol scedíme na savý papier. Opakujte so zvyšným karfiolom.

6.Karfiol podávame horúci s plátkami citróna.

www.ingramcontent.com/pod-product-compliance
Lightning Source LLC
Chambersburg PA
CBHW071854110526
44591CB00011B/1410